LO BUENO, LO MALO Y LO FEO DE EMPRENDER

Todo lo que no se ha dicho sobre
el emprendimiento orgánico

Daniel Romero Velásquez

CONTENIDO

	Pág.
INTRODUCCIÓN	9

CAPÍTULO I   23
Emprendedor y emprendimiento... *Una idea, dos conceptos.*

El emprendedor	25
¿Qué es?	25
¿Qué debe tener?	27
¿Cómo debe ser?	31
¿Qué miedos debes vencer?	32
El emprendedor, ¿nace o se hace?	40
A propósito del emprendedor	44
El emprendimiento	50
¿Qué es?	50
¿Qué debe tener?	53
Pasos para emprender	56
Empezar... ¿Cuándo?	56
Identificar... ¿Qué?	57
Avanzar... ¿Cómo?	61
La idea de negocio, *atractiva y relevante*	61
El entorno	69
La estructura	73
A propósito del emprendimiento	74

CAPITULO II   81
Todo lo malo... *Sí, hay cosas malas.*

Obstáculos a vencer	83
Las personas	83
La edad	85

Los miedos	87
La inversión	90
El momento	93
Los cambios	95
Razones del fracaso	98
La falsa creencia	99
La cruda realidad	103
Manejo del fracaso	107
Errores en el emprendimiento	112
¡Busco socio para buena idea!	131

CAPITULO III — 137
Algunas verdades y mentiras... *Lee bien.*

Mitos sobre el emprendimiento	139
Decálogo del emprendedor	161
Trabaja en varias ideas a la vez	161
Usa términos y lenguaje adecuados	163
Reinvéntate	164
Descansa	167
Ejercítate	171
Aliméntate sanamente	173
Sé comedido y bondadoso	175
Confía en tu intuición	178
Prepárate constantemente	180
Dedícate a lo que te gusta y apasiona	182
Sobre la procrastinación	183
Sobre la resiliencia	190

CAPÍTULO IV — 197
Considera... *No es obligatorio, ¡pero hazlo!*

¿Coach, mentor o psicólogo?	199
Quítale el diminutivo a tus oraciones	203
Aprende sobre el negocio y el dinero	204
Haz compras inteligentes	205

Aprende a invertir y reinvertir	207
Conoce algunas fórmulas	212
Sobre qué vender y con quien trabajar	213
Haz alianzas estratégicas	215
Aprende a convivir con los problemas	218
Distingue lo importante. Aprende a decir no	219
Aléjate de los negocios que no conozcas	222
Haz reuniones al aire libre	224

CAPÍTULO V   227
Otras cosas que debes saber… *¡Sigue aprendiendo!*

Términos claves necesarios	229
Libros recomendados	245
Notas finales del autor	277
Imágenes reales	250

DEDICATORIA

A mis sobrinos y ahijados,
Diana, Diego, Matthew, Rodrigo, Orlando y Oliver:
el mundo será del tamaño que ustedes
quieran que sea.

Lo bueno, lo malo y lo feo de emprender

AGRADECIMIENTOS

A mis honrados padres,
a mi paciente esposa,
a mis arriesgadas hermanas
y a mis fieles amigos.

A todos ustedes ¡gracias!, por hacer que la vida y el emprendimiento sean un viaje tan maravilloso.

INTRODUCCIÓN

Recuerdo que a temprana edad, recién iniciados mis estudios universitarios, algo en mí despertó el interés por tener "un negocio propio". Pasaba interminables horas en la computadora, creando lo que para mí eran atractivos logos y rimbombantes nombres de empresas. Descargaba fuentes, combinaba formas y colores, diseñaba tarjetas de presentación y, en mis días más osados, hacia modelos de páginas *web* en *Power Point*.

No recuerdo cuántas ideas de negocios le propuse a mi papá, y cuántas más apunté en las viejas agendas que iba heredando de cada año que pasaba y quedaban a medio llenar. Recuerdo apuntar: restaurant, autolavado, funeraria, y para cuando llegara el momento, un albergue para perros abandonados... ¡Qué tiempos! Aún conservo esas agendas. A cada una de esas ideas les describía misión, visión y valores. Tenía un poco de teoría, pero nada de práctica.

Terminé con muy buenas calificaciones mis estudios universitarios, porque nunca estuvo en duda el hacerme de una carrera profesional. Aun cuando sabía que no quería un modelo de trabajo tradicional, sí quería presumir mi título universitario. A mi memoria viene una frase que me dijo mi viejo alguna vez: "el título te da prestigio, pero el dinero te da poder". Yo quería ambos.

Fue tanta la insistencia con la idea de negocio que tuve con mi padre, que el día de mi cumpleaños número 23, y recién graduado de la universidad, recibí uno de mis mejores regalos: el depósito de alquiler por una oficina para arrancar con alguna de aquellas tantas ideas. Eran 25 metros cuadrados, suficiente espacio para que mi sueño y ambición cupieran sin mayor problema. Corría el año 2006, y a finales de ese año nacía nuestro primer emprendimiento: una empresa de consultoría fundada por mi padre y yo. Éramos padre e hijo, amigos, socios, empleados y emprendedores.

Para no agobiarlos con tantos detalles, ocho años más tarde ya éramos dos empresas y 95 personas, muchas de las cuales estaban asignadas a distintos clientes en la ciudad. Otro grupo más pequeño, laboraba repartido en 270 metros cuadrados de una nueva oficina, propia. Habíamos diversificado el servicio, evidentemente habíamos crecido, cubríamos gran parte de la demanda local de productos y servicios comercializados por nosotros, teníamos dos vehículos disponibles para traslados y reparto. El éxito tocaba nuestra puerta.

Por circunstanciales razones políticas, económicas y sociales propias de mi país (Venezuela), tuvimos que parar. En el año 2014 mi familia y yo emigramos a México, y tuvimos que empezar de cero. Volvieron los sueños, pero ya con más edad y menos contactos, con más ganas y menos dinero. Un nuevo país, nuevas leyes, nuevas formas y conceptos, y una competencia voraz que no te deja espacio ni tiempo para pensar.

Dos nuevos emprendimientos fracasaron, FRACASARON, dejando a su paso pérdidas económicas y emocionales. Tocó reinventarme, replantearme sueños, buscar ayuda y asesoría... incursionar en nuevos sectores y desempeñarme en actividades donde no tenía experiencia.

Volví al ruedo (por tercera vez en México) a finales del 2016 con un nuevo proyecto, y esta vez sí resultó.

Esta historia no es fascinante, ni admirable, ni imposible. Es una historia, mi historia de emprendimiento, llena de éxitos y fracasos. Una historia que acumula varios años de pensar, diseñar y crear, de trabajar en equipo, de relacionarme con clientes, proveedores, bancos, instituciones gubernamentales, empleados, directores, dueños de negocio y sindicatos. Es la historia que me ha permitido saber de qué estoy hablando. Ahora puedo decir que tengo mucha teoría y mucha práctica.

El inicio de la recopilación y clasificación de este material se remonta al año 2016 cuando, por invitación de un buen amigo, decidí cursar una certificación en Coaching Organizacional. Producto de esa breve pero enriquecedora experiencia, surgió la posibilidad de pasar a formar parte del plantel de "profesores" que hacían vida en la escuela virtual donde cursé dicha certificación.

Se me invitó, pues, a desarrollar de forma práctica y sencilla, algún tema que fuera de mi interés y sobre el cual tuviera suficientes conocimientos.

El emprendimiento ha sido por demás estudiado, y un tema por el cual tengo particular interés desde mi adolescencia, cuando sin saber mucho al respecto decidí que los horarios, las rutinas y los jefes, no eran algo con lo que quería convivir laboralmente hablando.

Aunado a esta situación, en aquel momento (y por alguna razón que hasta ahora desconozco y que valdría la pena investigar), veía una especie de "explosión emprendedora" entre amigos, familiares y conocidos.

Y yo, que como diría Noam Chomsky *"nunca fui consciente de cualquier otra opción que no fuera la de cuestionarlo todo"*, me di a la tarea de observar, analizar y, perdónenme la inmodestia, evaluar desde mis conocimientos y experiencias, cada caso de emprendimiento del cual me enteraba.

Así pues, inició la compilación de todo un material que buscaba consolidar la teoría de algunos expertos, con la práctica emprendedora propia y de terceros. Empezaron a manifestarse algunas características, cualidades y condiciones que dejaban notar lo que, a mi parecer, recoge mucho del gran error que cometemos al hablar de emprendimiento, y que podría resumirse en la siguiente frase: *una idea de negocio no siempre es una idea de emprendimiento; pero una idea de emprendimiento es siempre una idea de negocio.*

Uno de los propósitos que persigue este libro, es el de establecer que nos referimos a distintos fenómenos cuando hablamos de: ser empresario, ser emprendedor o simplemente tener una fuente de ingresos, por ejemplo.

Ser empresario (tener un negocio propio, formal, legal) hace referencia a dirigir o administrar una empresa, sin que ello implique que se den ciertas características y condiciones propias de un emprendimiento (que ya veremos en el Capítulo I).

Por ejemplo: comprar una zapatería, heredar una ferretería o registrar una panadería, nos convertiría en un empresario, dueño de negocio, más no necesariamente en un emprendedor. Noten que uso la expresión "*no necesariamente*", es decir, no lo estoy afirmando, lo estoy condicionando.

Tener una fuente de ingresos (principal o extra) puede referirse al sencillo hecho de desarrollar alguna estrategia o idea que, de forma legal pero no necesariamente formal, nos permita ingresar dinero a nuestras arcas. Por ejemplo: tener una inversión a largo plazo, rentar una propiedad, vender dulces o manualidades por redes sociales, nos convierte en una persona que genera ingresos (sin horarios, ni rutinas, ni jefes), pero no te hace un dueño de negocio ni un emprendedor.

Para hablar de emprendimiento, en cambio, y desde la subjetividad de mi experiencia y conocimiento, es necesario considerar aspectos legales, formales y aptitudinales que veremos más adelante. En este punto, quisiera dejar tres sencillos ejemplos para ilustrar lo descrito anteriormente.

Martín Martínez logró reunir un importante capital financiero y compró un autolavado, el cual está registrado legalmente, posee personal operativo capacitado para tales fines (que ganan en función de la cantidad de autos lavados) y paga los impuestos propios de su actividad comercial. Ciertamente este caso tiene algunos rasgos que lo enmarcan dentro de un tipo de emprendimiento, según una clasificación que menciono párrafos más adelante.

Fernanda Fernández desarrolló habilidades culinarias y aprendió técnicas a través de cursos de repostería. Actualmente, tiene una importante comunidad en las redes sociales que constantemente compran sus productos. No paga impuestos, no tiene personal a cargo, ni horario establecido de trabajo. Considero que este no es un tipo de emprendimiento.

Gonzalo González, observando la inexistencia de una fábrica de uniformes industriales en su comunidad, decidió realizar un estudio de mercado para entender la realidad de ese giro en el sector. Elaboró un pequeño pero preciso proyecto, en el cual estimó posibles niveles de ventas mensuales/anuales basándose en la cantidad de fábricas existentes en la localidad y en los niveles de demanda del producto. Así, decidió buscar un par de personas que le prestaran dinero para la compra de maquinarias, telas y otros insumos. Registró la empresa, contrató personal calificado y se dio a la tarea de salir a promover su empresa y a vender su producto. Llamaremos a esta situación: emprendimiento orgánico, el cual considero como la más pura y auténtica forma de emprender.

Dicho de otra manera, y ratificando una frase expresada en párrafos anteriores, pudiéramos hablar de empresario sin hablar necesariamente de emprendimiento; mas no podríamos hablar de emprendimiento sin referirnos a ser empresario, con todo lo que ello implica desde el punto vista legal, formal y social.

Algunos autores, como Andy Freire[1], plantean que existen cuatro estrategias para entrar al mercado con nuestra idea de negocio o emprendimiento: *1) con una franquicia o licencia, 2) a través de un patrocinador, 3) haciendo la adquisición de una empresa o marca ya establecida o 4) con un crecimiento orgánico.* Yo agrego otra estrategia: *5) heredando una empresa o negocio familiar.*

Si pensamos en los tres ejemplos que mencionamos anteriormente, el caso de Martín Martínez entraría perfectamente en la estrategia 1 o 3, que nos habla más de un empresario que de un emprendedor, a mi manera de ver. El caso de Gonzalo González entraría en el escenario 4, el de un crecimiento orgánico, al que yo prefiero llamar: *emprendimiento orgánico.*

Para efectos de este libro, hablaremos de *lo bueno, lo malo y lo feo de un emprendimiento orgánico*, que es aquel que inicia desde cero: sin patrocinio, sin marca de respaldo, sin manuales, sin un producto o servicio ya probado, sin un *product market-fit*. Este tipo de emprendimiento, que muchas veces crece a base del ensayo y error, que se alimenta de los pequeños reveses cometidos y que permite un aprendizaje más duro, pero más real y propio, es el emprendimiento del que hablaremos en este texto.

Francisco Anguiano, CEO y fundador de Orderly (empresa mexicana desarrolladora de software administrativo para empresas de servicios), opina que:

---

[1] Andy Freire "Pasión por emprender. De la idea a la cruda realidad" (2015)

"El problema principal del emprendedor es que inventa un producto que nadie quiere o está dispuesto a pagar. Ya que llega al product market-fit, ahora el reto es: ¿cómo le vendo mi producto a muchísima gente y construyo una empresa alrededor de eso? El empresario, es lo que hace. El emprendedor se aventó toda esa racha de incertidumbre y de descubrir que era el producto y si iba a funcionar... ya que tiene el producto, se gradúa de empresario, y entonces se trata de construir empresa.

Hay personas que les viene muy bien ser emprendedores, y no les gusta ser empresario, y hay personas que, como empresarios, no podrían navegar en ese mar de incertidumbre e inventar un producto con recursos limitados..."

Anguiano, hace referencia a aquellos emprendimientos que implican la creación de un producto o servicio inexistente. Sin embargo, su punto de vista pudiera perfectamente adaptarse a aquellas ideas de emprendimiento donde solo se requiere la detección de una necesidad puntual, en un mercado determinado y, sobre un producto o servicio ya existente, ofrecer algo mejorado.

Afortunadamente (¿o debo decir desafortunadamente?) en los últimos años, la difusión de una versión distorsionada del emprendimiento "se ha puesto de moda". Esta visión del emprendimiento nos ha hecho creer que emprender es sinónimo de reconocimiento mediático, financiamientos cuantiosos y un futuro prometedor. Y no siempre es así. En alguna entrevista que le hicieran al emprendedor y CEO de VaynerMedia, Gary Vaynerchuk, éste comentó lo siguiente acerca del emprendimiento:

> *"Todos van por el glamour de ser emprendedor. Ve a Instagram ahora mismo y busca: #Emprendedor, y verás todas esas fotos de jets privados y champán, modelos y "esto es vida". No es glamoroso, es difícil. Cuando eres el número 2 o el 3, cuando eres la mano derecha de la compañía más grande del mundo y toda la mierda se venga abajo, aún puedes mirar a alguien y decir: ¿qué haremos? Cuando eres el número 1 debes mirarte al espejo, y es muy solitario. Hay un sucio secreto y es que hay más depresión y suicidios sucediendo entre los emprendedores de 20 y 30 años en nuestro mundo. Es solitario, la diferencia entre el número 1 y el número 2 es que el número 1 no tiene a donde ir, depende de ti. Es tu culpa si ganas o pierdes".*

No encontrarás en este libro frases elaboradas y usadas a la ligera, que te digan que *"puedes ser lo que quieras"*, que *"con querer es suficiente"*, que *"todo está en tu mente"* y que, *"si alguien pudo, tú también podrás"*. Estamos invadidos de ingenuos profetas que nos aseguran que cualquier persona puede ser lo que quiera. Yo prefiero pensar que cada uno de nosotros tiene características únicas, diversas habilidades, distintas capacidades físicas, emocionales y mentales, y distintos INTERESES (sí, en mayúsculas) y que precisamente en función de eso, podemos estar preparados y dispuestos para unas situaciones, y para otras no. Lo veo así de simple. Todos somos buenos para algo, pero no para lo mismo.

Esa filosofía que muchos quieren aplicar a todos por igual, y de la que nos pretenden convencer de que *quien quiere, puede*, podría llegar a ser tan inspiradora como dañina. Pareciera que toda la responsabilidad de lograr o no lograr algo, depende enteramente de nosotros, cuando sabemos que existen muchas circunstancias externas de las que no podemos tener control.

Si estás preparado y dispuesto a ser un verdadero emprendedor, hazlo. Espero que este libro ayude a reafirmar esa decisión, y además te haga el camino un poco menos espinoso. Si definitivamente no lo quieres o no te sientes dispuesto, no pasa nada, amigo.

Bronnie Ware, una enfermera australiana que trabajó por muchos años prestando asistencia médica a enfermos terminales, identificó las cinco cosas de las que más se arrepiente la gente cuando se sabe con el tiempo en contra. Y las describe[2]:

"Ojalá hubiera tenido las agallas de ser fiel a lo que quería y no a lo que otros esperaban de mí".
"Ojalá no hubiera trabajado tanto".
"Ojalá hubiera tenido las agallas de expresar mis sentimientos".

---

[2] Bronnie Ware "The top five regrets of the dying" (2011)

"Ojalá hubiera mantenido contacto con mis amigos".
"Ojalá me hubiera permitido ser más feliz".

De todas estas experiencias, Ware rescata: *la vida es una elección, es tu vida. Elige conscientemente, sabiamente, honestamente. Elige ser feliz.*

Si tu felicidad está en ese empleo de 8 o 12 horas, no pasa nada. Si te dedicas a algo que no te hará millonario, no pasa nada. Si no dejas una huella en el mundo, no pasa nada. No seré yo quien te obligue a tratar de ser algo que no quieres, que no puedes o por lo que no estás dispuesto a luchar. Lo que sí merece la pena rescatar, es que no seas tú el próximo que se arrepienta de una de estas cinco cosas que acabo de mencionar.

En resumidas cuentas, este es un libro que, sin duda, te puede ayudar a tomar la decisión correcta en cuanto a emprender o no hacerlo. Y no se trata de un convencimiento particular de que algunas personas puedan o no, pero sí se trata de tomar conciencia de que emprender es más que estar cargados de ilusiones, voluntad y buenas ideas. Emprender es un compromiso personal, legal, social y hasta moral. Efectivamente, y como veremos a lo largo del texto, para emprender se necesita reunir y desarrollar aptitudes y habilidades que nos permitan materializar de forma responsable y exitosa nuestro proyecto o idea de negocio.

Espero que disfrutes leyendo estas líneas tanto como yo he disfrutado escribiéndolas. Estoy seguro de que toda esta información, mostrada a través de fábulas y cuentos, extractos de importantes libros, citas, curiosidades, anécdotas personales y de terceros, historias y datos reales de grandes emprendedores y sus negocios servirá para una autoevaluación de tu verdadera intención de emprender.

CAPÍTULO I

Emprendedor y emprendimiento:
Una idea, dos conceptos

Emprendedor

¿Qué es?

Los primeros registros que se tienen de la palabra emprendedor, derivan del vocablo francés *entrepreneur,* en la Europa del siglo XVI. No obstante, esta palabra era utilizada para referirse, en general, a cualquier empresario o comerciante. Incluso, dos siglos después, esta definición se extendió para abarcar a constructores de puentes, de caminos y arquitectos.

He hecho una selección de algunas definiciones de emprendimiento, ubicadas en distintos momentos históricos. Posteriormente, presentaré una definición propia amplia y precisa.

El economista francés Jean-Baptiste Say (1767–1832), en su libro *Tratado de Economía Política* (1803), señala que el *entrepreneur* es un individuo líder, previsor, **tomador de riesgos** y evaluador de proyectos, y que moviliza recursos desde una zona de bajo rendimiento a una de alta productividad.

Joseph Alois Schumpeter (1883–1950), destacado economista austro-estadounidense, definió en 1934 a los emprendedores como **innovadores** que buscan destruir el *status-quo* de los productos y servicios existentes para **crear nuevos productos y servicios**.

Más recientemente, en 1964, el consultor y profesor de negocios, considerado el mayor filósofo de la administración del siglo XX, Peter Drucker (1909–2005), sugirió que un emprendedor busca el cambio, responde a él y **explota sus oportunidades**. La innovación es una herramienta específica de un emprendedor, por ende, el emprendedor efectivo convierte una fuente en un recurso.

El académico y psicoanalista holandés Manfred FR Kets de Vries, identificó tres características que todo emprendedor cumple al concebir e implementar la idea: *(a)* **innovación**; *(b)* **administración o coordinación**, y *(c)* **toma de riesgos**. En buena medida, estas tres características señaladas por Kets de Vries, coinciden con las definiciones que se han hecho del emprendedor desde hace varios siglos.

En el trabajo de investigación presentado por Bucardo; Saavedra y Camarena, intitulado *Hacia una comprensión de los conceptos de emprendedores y empresarios (Towards an understanding of the concepts of entrepreneurs and business)* en el año 2015, los autores señalan otras características indudablemente importantes al momento de definir a un emprendedor:

> "Para completar la concepción de emprendedor propuesta por De Vries (1977), es necesario adicionar la dimensión de la toma de riesgo: **el emprendedor no solo arriesga su capital económico, sino también su imagen social y los costos psicológicos asociados con el fracaso.** Curto (2012) señala que, para Drucker, empezar un negocio no es condición necesaria ni suficiente para ser emprendedor, y para Gregory Dees, los emprendedores **no tienen por qué ser**

necesariamente inventores, *sino que simplemente tienen que **adoptar una visión creativa a la hora de poner en práctica invenciones de otros**"*

Estudiadas muchas definiciones, de diversos autores y con distintas acepciones, me he permitido definir al emprendedor como un *individuo con iniciativa, capaz de identificar oportunidades y organizar recursos para operar un negocio responsable, asumiendo ciertos riesgos económicos y psicológicos en el proceso.*

El emprendedor

"Los pescadores saben que el mar es peligroso y la tormenta, terrible, pero eso no les impide hacerse a la mar"
Vincent Van Gogh

¿Qué debe tener?

En todo emprendedor deben coincidir ciertas actitudes y aptitudes que nos ayudarán al logro del éxito de nuestro proyecto o idea de negocio. En este punto pudiéramos entrar en el debate de si un emprendedor nace o se hace; sin embargo, lejos de entrar en esa discusión, lo más importante es destacar que podemos emplear ciertas herramientas para desarrollar habilidades y potenciar nuestros talentos.

A continuación, enlisto 13 características que todo emprendedor debe tener.

1. **Pasión.** Uno de los aspectos esenciales es amar lo que estás por empezar, e involucrarte en cuerpo, alma y corazón en tu proyecto o idea de negocio.

2. **Capacidad de aprendizaje constante.** Considera que llegar a ser todo un experto en lo que haces, no será fácil. No te compres la idea de que ya lo sabes todo. Allí afuera, minuto a minuto, hay un cúmulo de información nueva para ser devorada. Aristóteles decía: "*somos lo que hacemos día a día, de modo que la excelencia no es un acto, sino un hábito*".

3. **Visión.** Todo emprendedor debe ser capaz de observar e interpretar las señales del mercado, las tendencias relacionadas con su giro.

4. **Logro de resultados.** El emprendedor no solo debe orientar sus tareas al logro de resultados puntuales, sino que también debe ser capaz de medirlos en el tiempo, analizarlos y tomar decisiones con base en ello.

5. **Determinación y coraje.** El proceso de emprender definitivamente es un acto de valentía, y como tal debe estar marcado por la determinación y el coraje. Ser capaz de mantener el ánimo arriba, no desfallecer en el camino y continuar con la firmeza de saber lo que se quiere lograr, son dos características

que obligatoriamente debe tener todo emprendedor.

6. **Creatividad e innovación.** Otra de las características que debe tener todo emprendedor es la capacidad de desarrollar la inventiva, proponer nuevas ideas, crear conceptos y dar solución a los problemas. Estas características son vitales en todo el proceso emprendedor, ya que se trata de *think outside the box* (pensar fuera de la caja) y allí radica gran parte del éxito en un emprendimiento.

7. **Persistencia.** Tener la capacidad de sobreponerse a cualquier obstáculo y vencer los miedos es fundamental, sobre todo al inicio de tu emprendimiento. Mantén la convicción de que estás haciendo lo correcto.

8. **Sentido de la oportunidad.** Anticiparse al mercado. Debes estar informado constantemente sobre aspectos o situaciones relacionados con tu giro, incluso, suponer los próximos movimientos de tu competencia.

9. **Trabajo en equipo.** Básicamente, saber a quién, cuándo y cómo delegar. Lideriza el equipo pero que cada quien sea responsable del área de su competencia. Recuerda que *"el talento gana partidos, pero el trabajo en equipo y la inteligencia gana campeonatos"*, como afirma Michael Jordan.

10. Autoestima. Este rasgo es muy importante cuando se emprende. Siempre habrá situaciones y personas que minimicen tus logros y tus éxitos, peor aún, que destaquen tus fracasos y tropiezos (que seguramente existirán) en su afán de reducirte moralmente. Debes tener la capacidad de saber valorar cada opinión, quedarse con las que sumen y rescatar lo rescatable de las que resten. Confiar en tus capacidades y dar pasos seguros y firmes, sin duda alguna será necesario.

11. Asertividad. Esta característica podríamos definirla como la delgada y ponderada línea que existe entre la pasividad y la agresividad. En términos de comunicación, la asertividad consiste en saber transmitir nuestras ideas y sentimientos sin llegar a vulnerar los derechos de los demás, e igualmente, tener la capacidad de recibir las ideas y sentimientos de los demás sin sentirnos vulnerados nosotros.

12. Organización. Cuando hablamos de organización, nos referimos al orden en todo el sentido de la palabra. Desde ser cuidadosos con la disposición de los equipos, herramientas y materiales en el lugar de trabajo, hasta la capacidad de esquematizar ideas y procesos, pasando incluso por la organización de nuestro mayor recurso: el tiempo. El filósofo y matemático griego, Pitágoras, decía: *"con orden y tiempo se encuentra el secreto de hacerlo todo, y de hacerlo bien"*.

13. **Actitud emprendedora.** Probablemente la actitud emprendedora englobe muchas de las características que hemos mencionado anteriormente. Ser determinados, arriesgados, optimistas, organizados, son parte de tener esa postura de emprendedor. No obstante, la capacidad para dar ese primer paso y materializar el sueño, la confianza en sí mismo y la generación continua de ideas de cambio y mejoras, son parte de esa cualidad llamada actitud emprendedora.

¿Cómo debe ser?

Así como existen actitudes y aptitudes que deben ser aprendidas y desarrolladas por el emprendedor, mencionadas anteriormente; también encontramos ciertos rasgos característicos asociados a la personalidad de un emprendedor. A saber:

Ser impetuoso. Te permitirá encarar con decisión los diferentes escenarios que pudieras enfrentar en este nuevo camino.

Ser amable. Es lo que te permitirá ser una persona agradable y accesible ante tus empleados, los clientes, inversionistas y el resto de las personas.

Ser paciente. Algunos momentos pudieran resultar más estresantes que otros, por lo que es muy natural perder un poco la cordura ante las personas y las situaciones. La solución más viable ante esto, es ser paciente.

Ser individualista. Es otro de los elementos primordiales en esta etapa. No se trata de aislarte del mundo, hacerte el dueño de la verdad y cercarte a toda crítica y comentario, ¡no!, es hacerte notar por tu ímpetu y creatividad.

¿Qué miedos vencer?

Como emprendedores, somos particularmente vulnerables a ciertos miedos que nacen de nuestro propio ser, como respuesta natural a un cambio que queremos afrontar, pero no sabemos exactamente cómo. Son perfectamente válidos, y no sentirlos sería lo extraño. Todos los cambios que asumimos en nuestras vidas vienen acompañados de algunos temores y, en muchos casos, del autosabotaje.

Considero que los cuatro principales miedos que se asoman a nuestra mente en esos momentos de reflexión, son:

Miedo a salir de tu zona de confort. Me atrevería a afirmar, sin temor a equivocarme, que este es el primer y más grande miedo a vencer. Trataré de darte algunas justificaciones que podrían ayudarte a superar este temor, pero antes explicaré un poco en que consiste.

En el trabajo de investigación desarrollado por Alasdair White *"From comfort zone to performance management / De la zona de confort a la gestión del rendimiento"* (2009), la zona de *confort* aparece definida como:

> *"Un estado de comportamiento dentro del cual una persona opera en una condición neutral de ansiedad, usando un conjunto limitado de comportamientos para ofrecer un nivel estable de rendimiento, generalmente sin sensación de riesgo".*

Precisamente, el miedo a salir de esta zona está determinado por el rechazo natural que tenemos a abandonar este "espacio" donde nos sentimos seguros, cómodos y con un nivel de riesgo mínimo controlado, y en ocasiones inexistente.

Si has pensado en emprender, y te has animado a leer sobre el tema y estudiar opciones, ya has dado el primer paso. Eso solo significa que te has sentido incómodo por tu situación actual, llámese empleo, economía, crecimiento, o por cualquier otra causa. Dicho en otras palabras, te has empezado a sentir incómodo en tu zona de *confort* y es preciso hacer un cambio.

Tu zona de *confort* estará determinada, en parte, por las habilidades, conocimientos y comportamientos que ya conoces y con los que te sientes cómodo, te gusten o no.

Así como das valor a toda la seguridad que te brinda tu zona de *confort*, piensa en las posibilidades infinitas de crecimiento personal, profesional y económico que hay fuera de ella. Evalúa el tiempo que llevas haciendo exactamente lo mismo y el crecimiento que has logrado. Quizás ese examen te dé una razón de peso para dar el siguiente paso.

Un poco más allá de tu zona de *confort*, está una zona de aprendizaje. Es aquí donde tienes la posibilidad de experimentar situaciones distintas, explorar otras formas y... ¡comparar! Empiezas a experimentar esta zona cuando aprendes una nueva habilidad, adquieres un nuevo conocimiento, conoces otras culturas, otra gente.

Para muchas personas ir más allá de la zona de *confort* y atreverse a salir de allí, es impensable. Para ellas, fuera de la zona de *confort* existe una zona de pánico donde algo que sea distinto a lo conocido es muy peligroso, y significa perderlo todo o perder lo que son. En este punto, te pregunto: *¿cómo crees que es la vida de esas personas?*

Yo, y cualquier emprendedor real a quien te invito a preguntarle, te diremos que luego de zona de *confort* y esa zona de aprendizaje, lo único que existe es una zona mágica o de crecimiento. Una vez que estás ahí, difícilmente querrás volver a tu zona de *confort*.

Es en esta zona donde ocurren los grandes cambios de visión y te sientes deseoso de aprender y de hacer cada vez más. Aportas valor a tu vida y descubres algunos talentos y potencialidades que quizá, ni siquiera sabías que tenías. Entre otras cosas, podríamos hablar de libertad de tiempo, libertad financiera y libertad mental. Gerardo García Manjarrez, en su libro Impulso Millonario (2019) señala:

> *"Para conseguir resultados distintos, hay que actuar distinto. Incomódate un poco, aguanta la incertidumbre y resiste la tentación de regresar a tus viejos hábitos*

que te dan seguridad, pero te han estancado".

Si todo esto no te convence para salir de tu zona de *confort*, creo que no habrá algo que te logre hacer cambiar de idea.

Miedo a perder tu dinero. Te tengo una mala y una buena noticia. La mala: cuando te decides a emprender, corres el riesgo de perder un poco de paciencia, un poco de tiempo y un poco de dinero. La buena: el dinero es lo que menos vale de estas tres posibles pérdidas.

No pretendo insinuar que estemos dispuestos a perder dinero con nuestro emprendimiento, o que esto no deba preocuparnos. La manera más sensata de poder manejar esta situación, es estableciendo una buena planificación financiera desde el principio, realista y viable.

Establecer objetivos a corto, mediano y largo plazo, definir estrategias, medir los gastos en el tiempo y tener un correcto margen de rentabilidad basado en una estructura de costos real, nos puede ayudar a evitar la pérdida de dinero.

Entiendo que, en cualquier caso, el dinero del que disponemos para nuestra idea de negocio proviene de nuestros propios ahorros, de un crédito o financiamiento privado o público, e incluso de la confianza que han depositado en nosotros algunos familiares y amigos. Entiendo también, que esto nos genera una gran presión y responsabilidad con nosotros mismos y frente a ellos.

Es importante que, de ser necesario, busques la asesoría de algún especialista financiero en proyectos nacientes o del giro al que este dirigida tu idea. Sus habilidades y conocimientos te permitirán recrear los distintos escenarios y delinear las acciones que deberás tomar en cada uno de ellos, a fin de minimizar las probabilidades de pérdida.

Miedo a no vender correctamente tu idea. Un poco más adelante abordaremos en profundidad el tema de la idea del negocio: *qué debe tener y cómo debemos armarla*. Esto, básicamente, será la única manera que tendremos para elevar las posibilidades de que nuestra idea se venda correctamente.

Sin embargo, empezaremos por destacar tres aspectos que no son menos importantes en este sentido:

1. ***Conocer perfectamente el producto o servicio a ofrecer.*** Nadie puede conocer mejor que tú el producto o servicio. Al ser el creador de ese nuevo concepto, debes conocer al detalle cada aspecto técnico, de funcionamiento, su utilidad, bondades con respecto a la competencia, probables defectos y como superarlos. Ten la respuesta correcta a cada posible objeción que hagan tus potenciales clientes.

2. ***Demostrar seguridad y confianza.*** El trabajo de convencer a cualquier persona, desde un entrevistador hasta una pareja, pasando por un cliente, claro está, es el poder y saber demostrar seguridad y confianza. La forma de hablar, el lenguaje corporal y la capacidad para explicar de forma sencilla y rápida

nuestra idea de negocio, va a ser determinante. Evita los discursos elaborados, las palabras rebuscadas y el querer impresionar de forma forzada. Sé genuino y espontáneo: es tu idea, tu producto, tu servicio, y solo tú eres capaz de transmitir todo ese convencimiento que te ha llevado hasta ese punto.

3. ***Saber cuál es tu propuesta de valor (diferenciador).*** Puedes conocer perfectamente tu producto o servicio y demostrar toda la seguridad y confianza posible, pero si ofreces más de lo mismo, *¿por qué habrían de decidirse por ti?* No hablamos de que te sientes bajo un árbol a esperar una iluminación divina que te haga inventar algo nuevo, inexistente. Te hablo sólo de observar a tu alrededor, todas las cosas que haces diariamente, los servicios que utilizas, los productos que compras, y ver algo que pueda ser mejorado o complementado. Allí está tu propuesta de valor y tu diferenciador. Qué vas a ofrecer a tus potenciales clientes, que actualmente ellos no consiguen en la competencia.

Miedo al posible rechazo de los clientes. Hay distintas razones por las que un posible cliente puede mostrar rechazo hacia tu idea de negocio. Ponernos a detallar acá todas las posibles razones, sería ocupar unas cuántas páginas y, de seguro, dejaríamos varias por fuera. En todo caso, lo primero que quiero destacar es: *¡no te lo tomes de forma personal!*

Muchas veces nos dejamos llevar por la emocionalidad del momento y terminamos autosaboteándonos. Pensar que nuestra idea es un fracaso, o que nosotros no hemos sabido transmitir el mensaje y convencer, suele ser nuestro primer pensamiento al momento de experimentar el rechazo. En todo caso, cada vez que nuestro producto o servicio no haya tenido cabida con un potencial cliente, es necesario repasar cada uno de los pasos que hemos seguido para determinar posibles errores o, mejor aún, consultar directamente con el potencial cliente qué no ha sido de su agrado y convencimiento.

Pensemos en cada rechazo como la posibilidad de validar nuestra idea y de mejorar. Si de 30 clientes, 29 nos rechazan y solo 1 nos acepta, bien. Si de los 30 clientes, los 30 nos rechazan, algo hay que revisar.

Así que sigue adelante, que como ya mencioné, es normal que sintamos todos estos miedos. Algunos en mayor medida que otros, según nuestra realidad. Nelson Mandela decía que *"la valentía no es la ausencia de miedo, sino el triunfo sobre el miedo. El hombre valiente no es el que no siente miedo, sino aquel que conquista ese miedo"*.

No quisiera finalizar el tema de los miedos sin contarles esta corta e ilustrativa fábula.

Estaban en el bosque dos conejitos buscando qué comer, cuando se consiguieron con un temido depredador: el zorro. Al verse amenazados, corrieron en defensa de su propia vida y lograron esconderse en una pequeña cueva. El zorro, fuera de la cueva, se mantuvo atento y en espera de que los conejitos salieran. Al poco rato, un conejito le dijo al otro: *"Creo que ya es tiempo, deberíamos salir"*, a lo que el otro conejito respondió: *"¡Estás loco! El zorro debe estar aún afuera y no podemos salir"*.

Transcurrido un tiempo más, uno de los conejitos insistió diciendo: *"Creo que ahora sí es tiempo de salir, ¿no?"*. *"¿Cómo crees? Es muy peligroso aún, seguro está el zorro afuera esperando por nosotros y nos comerá"*, refutó el otro conejito.

Un largo rato más tarde, y ya un poco desesperado, el conejito persistió por tercera y última vez: *"Ya creo que es tiempo de salir, nos vamos a terminar muriendo acá dentro"*. Sin embargo, el conejito cobarde mantuvo su postura de no querer salir por temor a ser comido o correteado por el zorro. *"Bueno, no sé qué irás a hacer, pero yo si voy a salir"*, dijo yéndose el conejito valiente.

El conejito que había decidido quedarse convencido de que el zorro estaba aún afuera, pasó largos días encerrado en la cueva, perdiendo cada vez más fuerzas y sintiendo cada vez más hambre. Cuando en algún momento decidió salir, no tuvo las suficientes fuerzas para avanzar poco más de algunos metros, cuando cayó abatido por el hambre y la sed.

Al final, su propio miedo lo derrotó y consumió. Por temor a enfrentar una situación, quizás peligrosa, no midió las consecuencias de su exagerada y tímida postura, que indudablemente terminó siendo la peor decisión.

Miedos, miedos, miedos, están allí para ser enfrentados, no para ser presa de ellos.

El emprendedor, ¿nace o se hace?

Ahora sí abordaremos este álgido tema: ¿el emprendedor nace o se hace?

Definitivamente sí, el emprendedor nace y se hace. La actividad de emprender requiere de ciertas habilidades y condiciones que necesariamente tenemos que traer potencialmente en los genes. Sin embargo, hay otra serie de destrezas y técnicas (no menos importantes) que podemos y debemos mejorar con el estudio formal o de forma empírica.

En su libro *"50 claves para emprendedores"* (2006), Andy Freire identifica 11 elementos que debe tener toda persona que decida emprender: libertad, moderado deseo de ganar dinero, pasión, ser hacedores, espiritualidad, humildad, placer, generosidad, determinación, optimismo y visión y responsabilidad incondicional.

En este sentido, Freire y su socio Fred Kofman, señalan que estos elementos (a los cuales llaman meta-habilidades) se encuentran en una "zona gris", comprendida entre esos talentos con los cuales nacemos y que no se aprenden con el estudio o la práctica, y aquellas habilidades que aprendemos y desarrollamos. Son esas meta-habilidades, ubicadas en esa zona intermedia, las que se deben modificar y fortalecer con la experiencia del emprendimiento.

Existen ejemplos, en distintos ámbitos de la vida, de esos talentos natos que tienen algunas personas. Gente exitosa en el deporte, en el mundo empresarial y político, en el campo científico y filosófico y en otras áreas de actividad humana, dan cuenta de esa genialidad y visión que tienen, a diferencia de muchas otras personas que no trascienden.

Podríamos tener el auto más veloz del mundo y ponerlo en manos de cualquier persona con horas y horas de entrenamiento y experiencia en las pistas, y seguramente no lograríamos los números que en su tiempo logró Ayrton Senna Da Silva, quien, gracias a ese talento propio, se hizo merecedor de estar entre los 5 mejores pilotos de Fórmula 1 de todos los tiempos.

James Worthy, basquetbolista que coincidió con Michael Jordan en la temporada 1981-1982 en la Universidad de North Carolina, al referirse al rendimiento de Jordan, comenta: *"Él quería aprender, quería crecer rápidamente. Mes a mes, de un juego a otro, **absorbía información** y una vez que tuvo algo y **lo agrego al talento innato que ya tenía**, fue algo **realmente explosivo**"*.

Pudiéramos también mencionar el caso del gran y subvalorado inventor Nikola Tesla, quién gracias a su capacidad para imaginar soluciones prácticas a ciertos problemas; su facilidad para crear en su cabeza el diseño y construcción de piezas y mecanismos, aunado a la memoria fotográfica que poseía, logró que estas habilidades se combinaran perfectamente con algunos estudios de ingeniería y lo llevaran a convertirse en uno de los más grandes inventores de los últimos tiempos.

En el ámbito empresarial o del emprendimiento, ocurre exactamente lo mismo. Para no quedarnos solo con los ejemplos del deporte y la ciencia, comentaremos el caso del brillante Elon Musk.

Desde niño, él mismo se consideraba extraño y distinto de los demás, llegando a creerse que estaba loco ya que las ideas no paraban de explotar en su cabeza. A los 10 años compró su primer ordenador, aprendió a programar empíricamente y 2 años más tarde, vendió su primer programa. El mismo Elon considera que su talento para la ingeniería lo heredó de su padre. Actualmente Elon Musk reúne en su cartera de emprendimiento seis empresas: SolarCity, PayPal, SpaceX, Tesla Motors, OpenA y The Boring Company, y en todas ha sido el cerebro creador.

La pasión de Senna; la determinación de Jordan; el placer de Tesla y la visión de Musk, son solo algunos ejemplos de referentes mundialmente conocidos que decidieron sacar el máximo provecho de estas meta-habilidades. Construyeron así, una orquesta capaz de sonar melodiosamente con sus talentos natos, su preparación técnica y el desarrollo de sus habilidades.

En las siguientes páginas iremos develando una serie de características, obstáculos, mitos y realidades con las que todo emprendedor debe enfrentarse. Como en el deporte, en la política, en la ciencia o la filosofía, no todos nacen para ser emprendedores, pero si podemos hacer el mayor y mejor esfuerzo para ser verdaderos embajadores de esta actividad.

El entrenador y preparador físico de tenis, Tony Nadal, en su presentación para la serie "Aprendemos Juntos" producida por BBVA[3] (2020), al respecto de esto, dijo:

> "No todo el mundo puede ser un Einstein, no todo el mundo puede ser un Vargas Llosa, un Rafael Nadal, o un Federer, o un Messi. No, no es posible, pero yo creo que todos tenemos la capacidad de hacer las cosas algo mejor. ¿Hasta qué punto podemos mejorarlo? con los chicos que entrené yo solo vi un impedimento, que era la cabeza. Las habilidades físicas al final las puedes modificar, a unos les va a costar más, a otros les va a costar menos. Evidentemente no todo el mundo tiene la capacidad de ser un número uno. Pero sí que todo el mundo tiene la capacidad de hacer las cosas bastante mejor".

Quizás una de las razones que me motivó a escribir sobre este apasionante tema, es precisamente la ligereza con la que últimamente ha sido utilizado este término, haciendo ver que cualquier persona capaz de generar ingresos por cuenta propia, debe ser considerado como un emprendedor.

---

[3] https://www.youtube.com/watch?v=B8v4X-JmEwU&t=1030s

A propósito del emprendedor

Del emprendedor *per se* es mucho lo que se ha escrito. Hasta este punto, lo he definido y caracterizado suficientemente. Sin embargo, existen otros temas igualmente vinculados al ejecutor de un emprendimiento y que bien valen la pena mencionar.

Es preciso, entonces, hablar de aspectos como: los roles que puede (no necesariamente debe) asumir el emprendedor y cómo es posible que existamos distintos tipos de emprendedores, más que distintas formas de emprender. Con relación al primer punto, me ha gustado el planteamiento que hace Michael E. Gerber en su libro *"El mito del emprendedor"* (1995), que habla del emprendedor propiamente, el directivo y el técnico, todas estas facetas reunidas en una misma persona: tú.

Básicamente el planteamiento que hace Gerber y con el cual coincido es que durante el proceso de creación y puesta en marcha del emprendimiento, pasamos por cada una de estas facetas, lo cual puede ser muy bueno o muy malo. Según como llevemos todo esto.

Iniciamos siendo un **emprendedor**, ese que halló una oportunidad y en base a la cual creó y desarrolló una idea capaz de ser monetizada. Luego pasamos por una fase de **directivo**, donde queremos llevar el orden y control de todo lo que será el proceso administrativo: documentación, procedimientos, registros, certificaciones, etc.; para finalmente "aterrizar" en una fase de **técnico**, esa donde queremos inmiscuirnos en el proceso productivo de nuestro producto o servicio, el querer ser parte de eso que nosotros creamos y que nadie más puede conocer mejor. Queremos, incluso, salir a vender lo que hemos creado.

En la mayoría de los casos esta pasión por emprender nos lleva a querer ser partícipe de todos y cada uno de los procesos que se dan en el emprendimiento. Pero en muchos otros esta práctica termina por sumirnos completamente en el día a día del negocio, en la parte administrativa y operativa, y fácilmente dejamos a un lado ese carácter emprendedor que nos va a permitir seguir timoneando las operaciones con la vista puesta en el horizonte: creando, innovando, desarrollando nuevas ideas. Terminamos, así, siendo autoempleados de nuestro propio emprendimiento y lidiando con problemas que nos quitan visión y tiempo. Guardando las distancias, es como el director de orquesta que se baja del podio para tocar un instrumento, dejando a la deriva la dirección de todo el equipo.

Puedo escribir con total propiedad que he vivido en carne propia los aciertos y desaciertos de involucrarme medida y desmedidamente en mis proyectos. La pasión con la que me involucro en cada uno de ellos, me ha llevado muchas veces a ser parte de cuanto sea necesario para darle forma a la idea. Y cuando digo todo, es todo. Desde plasmar la idea y armar el plan de negocios, hasta la selección de los colores y las formas para la identidad corporativa. Es sencillamente mágico sentir que hay un poco de ti en cada aspecto del negocio. Les contaré otro poco de mis experiencias.

En la medida en que mi primer proyecto (2006) fue ganando espacios y creciendo, tuve la habilidad de ir creando el equipo de personas con las cualidades necesarias que requería cada posición, y en esa misma medida fui tomando distancia de esas tareas administrativas y técnicas que, aparte de no ser mi fuerte, me alejaban de la posición que yo debía y quería mantener, que era la de seguir creando y leyendo el entorno. Fue así como la empresa poco a poco se fue transformando hasta ser lo que un día fue. Recuerdo, por ejemplo, que la distancia que tomé de esas áreas fue tal, que entre risas me limitaba a preguntarle a la administradora (en ese momento, mi hermana) y vendedores: "¿*cuánto dinero tenemos para gastar? ¿cómo han estado las ventas los últimos tres meses?*" Esas preguntas siempre iban seguidas por la frase: "*es que quiero que hagamos tal inversión, y necesito saber cuáles son nuestros escenarios*". Obviamente mi intención era conocer la disponibilidad de dinero que teníamos para asumir nuevos compromisos y hacer crecer el negocio. De haber estado sumido en el día a día (directamente en el control de las cuentas, confeccionando los uniformes o en la venta de nuestros productos y servicios, por ejemplo) no hubiese podido dedicar el tiempo necesario para la innovación, e indudablemente hubiéramos terminado siendo una empresita más del montón, sin la diversificación y el alcance que llegamos a tener.

Si bien es cierto que al inicio de un emprendimiento es preciso que nos convirtamos en "toderos" o "todólogos" (que hagamos todo), no es menos cierto que tan pronto como podamos, debemos empezar a soltar las tareas administrativas y operativas para dedicarnos a lo que verdaderamente nos dará mayores y mejores oportunidades, que es la de seguir ideando como mantener la rueda girando. Sin embargo, como hasta al mejor cazador se le va la liebre, también he vivido la costosa experiencia de ser yo, personalmente, quien se ocupe de todo el negocio. En alguna oportunidad pase de ser emprendedor a ser autoempleado.

Cuando recién eché a andar uno de mis proyectos en México, inicié como era de costumbre. Me involucré activamente en el diseño de la imagen corporativa (logos, publicidad para redes sociales, página *web*, cartas de presentación, *brochure*, etc.) así como en la promoción de esa nueva empresa que incursionaría en el giro de la limpieza y mantenimiento industrial. Enfrascado en la idea de que yo podría encargarme de lo poco que había que hacer en los primeros momentos, poco a poco me fui sumiendo en todo el funcionamiento. Para no extenderme en lo que ya he mencionado en párrafos anteriores, terminé encargándome de absolutamente todo: las relaciones comerciales (conseguir nuevos clientes y mantener el contacto con los que ya teníamos); el manejo de las cuentas por pagar y cobrar (con apoyo de un contador externo); la publicidad (postear en redes sociales); la contratación de los colaboradores (publicar en los portales de búsqueda y entrevistar); hacer dotaciones y entregas de materiales y herramientas y un largo etcétera.

Tres años más tarde seguíamos siendo una empresa incipiente, donde yo, porque era yo solo, tapaba una gotera y aparecían dos más. Me perdí completamente en la operatividad del negocio y me aislé de todo lo que pasaba en el giro a mi alrededor, y de algunas oportunidades que dejé pasar. Es más, que ni vi pasar.

Y ahora que les he comentado sobre dos de mis varios emprendimientos, precisamente considero oportuno pasar al segundo tema que he querido mencionar: los emprendedores seriales y los que no lo son.

Una característica recurrente en los emprendedores es la necesidad de crear constantemente. En este punto no me refiero únicamente a generar nuevas ideas en torno a un mismo negocio, sino el placer que hallamos en generar nuevas ideas de negocios.

Debo confesar que la primera vez que tuve una nueva idea de negocios, teniendo uno ya en marcha y en franco crecimiento, sentí un poco de temor y dudé de la pasión que aún podía tener por el primero. Enseguida descubrí que no es así. Cuando dedicamos el suficiente tiempo para instaurar el orden, la confianza, la iniciativa y el trabajo en equipo en nuestros colaboradores, podemos darnos licencia para apuntar en otras direcciones, sin que eso se traduzca en el estancamiento o descuido del negocio. Dicho de otra manera, podemos sembrar nuevas semillas mientras el equipo se encarga de hacer que las otras plantas den sus frutos.

No obstante, también he descubierto otra modalidad de emprendedores seriales, y son aquellos cuya pasión por emprender los lleva a la constante búsqueda de nuevos retos, desprendiéndose fácilmente de sus lucrativos negocios anteriores. Esta modalidad es muy común actualmente, sobre todo tratándose de negocios relacionado con las nuevas tecnologías.

Sinceramente, me costaría mucho ver en manos de un tercero el proyecto que ha sido producto de mi esfuerzo, tiempo y dinero. Sin embargo, hay ocasiones en las que la recompensa obtenida por la venta o traspaso de una idea (económicamente hablando) suele ser tan atractiva, que supera con creces todos los recursos invertidos en ella. Financieramente es una manera expedita para apalancarse y apostarle a nuevos y más ambiciosos proyectos.

En alguna oportunidad mi hermana y yo conversábamos con asombro y nostalgia, la "facilidad" con la que algunas personas pasan de una idea de negocios convertida en éxito, a otra idea que apenas pondrán a prueba. Es casi como pasar de la seguridad de un negocio que funciona y deja interesantes frutos, a una nueva idea a la que hay que apostarle y con la que se debe empezar de cero. Aunque no lo comparto, lo puedo entender, pues el placer de desafiar la incertidumbre es otra característica propia de un emprendedor real.

Por otra parte, encontramos emprendedores cuya trayectoria se basa en la puesta en marcha de una sola idea de negocios, llegando a ser completamente exitosos en su área y creando verdaderos imperios. A lo largo de la historia hay muchos ejemplos de emprendedores seriales y los que no lo son. Pensemos por un momento en Elon Musk y sus (hasta ahora) seis empresas enfocadas a diversos sectores, o en los hermanos Dassler (Adolf y Rudolf) quienes nunca pensaron en dedicarse a otro negocio que no fuera la confección de zapatos y ropa deportiva, llegando incluso a separarse y tener cada uno su propia empresa, Adidas y Puma respectivamente, que terminaron siendo competencia. Como estos ejemplos, hay cientos, sin significar que tal o cual visión deba ser más respetada que la otra.

Emprendimiento

¿Qué es?

La palabra emprendimiento proviene del latín *in prendere*, que en su significado más exacto traduce "en toma" (tomado, capturado). En el idioma español, aparece definido por primera vez en el *Diccionario de las Autoridades* (publicado entre 1726 y 1739) siendo el primer diccionario editado por la Real Academia Española, y que dio paso a los que hoy conocemos como el DRAE (Diccionario de la Real Academia Española). En dicho diccionario se definía el emprendimiento como: **"persona que determina hacer y ejecutar, con resolución y empeño, alguna operación considerable y ardua".**

Es de hacer notar que, en esta primera definición, se hace mención a la persona (*emprendedor*) y no a la acción (*emprendimiento*). Actualmente, el término emprendimiento no está definido de forma precisa en el Diccionario de la Real Academia Española, y solo nos remite al término emprender o lo menciona como la *cualidad del emprendedor*.

A continuación, he seleccionado algunas definiciones comunes de emprendimiento. De ellas resaltaremos las características más importantes, para integrarlas en una definición propia.

Para el profesor estadounidense y experto en emprendimiento, Jeffrey A. Timmons (1989), el emprendimiento significa:

> *"Tomar acciones humanas, creativas para **construir algo de valor a partir de prácticamente nada**. Es la búsqueda insistente de la oportunidad independientemente de los recursos disponibles o de la carencia de estos. Requiere una visión, la pasión y el compromiso para guiar a otros en la persecución de dicha visión. También requiere la **disposición de tomar riesgos calculados**".*

Siendo estudioso del tema y consciente del potencial que existe detrás del emprendimiento, Timmons afirma:

> *"Estamos en medio de una revolución silenciosa, un triunfo del espíritu creativo y emprendedor de la humanidad en todo momento y el mundo [...] Creo que su impacto en el siglo XXI será igual o superior al de la Revolución Industrial de los siglos XIX y XX". (1989)*

Otro concepto que considero interesante y bastante acertado, es el planteado por María Marta Formichella en su investigación titulada: *El concepto* de emprendimiento y su relación con la educación, el empleo y el desarrollo local *(2014)*, donde lo define como el desarrollo de un proyecto que persigue un determinado fin económico, político o social, entre otros, y que posee ciertas características, **principalmente que tiene una cuota de incertidumbre y de innovación**.

Para Pérez Porto y Gardey (2010), un emprendimiento suele ser un proyecto que se desarrolla con esfuerzo y **haciendo frente a diversas dificultades**, con la resolución de llegar a un determinado punto.

En la mayoría de las definiciones que encontraremos respecto a esta actividad, no vemos como punto importante la **condición de legalidad, formalidad y la generación de riqueza colectiva** que, en lo que a mí concierne, son tan importantes como cualquier otra característica. De hecho, son precisamente estas condiciones las que nos van a dar la principal diferencia entre ser una persona capaz de generar sus propios recursos (como el *freelance*, la persona que vende *cupcakes* por redes sociales, el taxista o cualquier trabajador independiente), y el verdadero emprendedor. No puedo pensar en emprendimiento sin que ello implique una razón social (denominación fiscal) y la generación de empleos directos. Con todo lo que ello implica.

Así pues, pudiéramos definir el emprendimiento como *la planificación, puesta en marcha y desarrollo legalmente reconocido de una actividad empresarial en medio de condiciones políticas, sociales o económicas, generalmente poco favorables, con el fin de lograr una meta que, normalmente, consiste en generar recursos económicos propios y para terceros (como otras personas y la sociedad) además de significar una importante satisfacción personal.*

El emprendimiento

"El mejor momento para plantar un árbol fue hace 20 años. El segundo mejor momento es ahora"
Proverbio chino

¿Qué debe tener?

Quisiéramos caracterizar el emprendimiento como proceso, apartándolo un poco de la caracterización que hemos hecho del emprendedor como persona. Hablaremos pues, del emprendimiento como organización en movimiento, como un proyecto que ya pasó de la mente a la realidad.

Existen muchas técnicas, herramientas y estrategias empresariales disponibles para poner en práctica y lograr el desarrollo de rasgos importantes en las personas del equipo y, por ende, en la cultura de la organización y sus formas de trabajo. Sin embargo, en este punto he querido quedarme con los principios del *Bushido*, como la base sobre la cual podemos construir los valores de nuestra empresa.

El *Bushido* es una práctica milenaria originalmente desarrollada como camino para alcanzar el código o valor ético más alto de los *Samurai* en la cultura japonesa. Sin embargo, ha sido aplicada a los distintos ámbitos de la vida. Como es bien sabido, ese país asiático tiene la peculiaridad de contar con los estándares más altos de calidad, con una honestidad y moral envidiable y con un organizado sistema de trabajo. De allí, la intención de pretender regir nuestro camino emprendedor sobre los pilares de este ancestral método.

A continuación, las siete leyes del *Bushido*.

1. **Rei** *(respeto, cortesía)*. El respeto y la cortesía hacia las demás personas debe ser en todo momento y bajo cualquier circunstancia: respeto y cortesía por nuestro equipo de trabajo, por nuestros clientes, nuestros proveedores, e incluso, por nuestra competencia.

2. **Chugi** *(lealtad)*. Significa ser responsable de lo que se dice y hace, y asumir las consecuencias que ello implique. Ser el líder del equipo y conservar como un valor preciado la confianza de ellos hacia ti.

3. **Meiyo** *(honor)*. Radica en hacer lo correcto en todo momento, aun cuando resulte muy difícil. Ni el dinero ni el poder que represente tu empresa puede estar por encima de tu honor.

4. **Makoto** *(honestidad)*. En todo momento se debe cumplir lo prometido y ofrecido, más aún si se ha puesto la palabra en garantía. Cumplirle al equipo, a los clientes, a los proveedores y demás colaboradores.

5. **Jin** *(compasión).* Siempre hay que ayudar a quien lo necesite, así se logrará tener una red de buenos aliados y contactos. Incluso si la ayuda no depende directamente de ti, hacer lo posible por conseguir una mano amiga.

6. **Yu** *(coraje).* Equivale a ser arriesgado y atreverse a dar pasos y hacer negocios que los demás no harían, siempre que sean legales. No esconderse y ser valiente, así se infundirá respeto y no miedo.

7. **Gi** *(justicia o rectitud).* Actuar en todo momento con justicia y honradez te permitirá siempre hacer negocios con las mismas personas, fortaleciendo vínculos y apoyo incondicional.

> *Quien dijo que en la guerra, en el amor y en los negocios todo se vale, nunca supo ni de guerra, ni de amor, ni de negocios.*

En cualquier ámbito de tu vida, y en los negocios: sé cortés y leal, mantén tu honor y honestidad. Se compasivo, sin dejar de ser valiente. Actúa siempre con justicia.

Pasos para emprender

Empezar... ¿Cuándo?

No existe un manual ni una alarma que nos indique cuándo es el momento para empezar una idea de negocios o emprendimiento. No obstante, hay algunas situaciones que podrían darte señales de que llegó la hora de empezar tu viaje. A continuación, te menciono solo algunas de estas señales.

Eres ambicioso. No te gusta el conformismo y el estancamiento. Siempre quieres más de lo que logras.

No hallas algo que te llene. El ejercicio de cualquier actividad te parece aburrido o monótono.

Tus ingresos no representan lo que deseas. Quieres poder decidir el nivel de tus ingresos.

Te sientes atrapado. Averigua si quieres ser tu propio jefe o solo quieres hacer algo diferente. Para ti, tu libertad no tiene precio.

Deseas crear un nombre. Quieres ser el autor intelectual y material de tu propia marca. Sientes deseos de trascender y dejar una huella.

Te atrae explorar lo desconocido. Te gusta y te emociona la incertidumbre. Te apasiona descubrir nuevas cosas, incluso, descubrir hasta dónde eres capaz de llegar.

Si te encuentras identificándote con algunas de estas señales, pero piensas que hay situaciones externas que podrían detenerte, te dejo esta opinión de Timothy Ferris, autor de *La semana de cuatro horas* (2007):

> *"Para la mayoría de las cosas importantes, el tiempo siempre es un problema. ¿Esperas un buen momento para renunciar a tu trabajo? Las estrellas nunca se alinearán y los semáforos nunca se pondrán en verde al mismo tiempo. El universo no conspira en tu contra, pero tampoco se sale de su camino para acomodar las cosas. Las condiciones nunca son perfectas. "Algún día" es una enfermedad que llevará tus sueños a la tumba. Las listas de pros y contras son igual de malas. Si es importante para ti y quieres hacerlo "eventualmente", sólo hazlo y corrige el curso sobre la marcha".*

Identificar... ¿Qué?

Según Juan Diego Gómez, experimentado inversionista y promotor de la educación financiera, hay tres preguntas claves para crear un negocio: *qué te gusta hacer, qué haces mejor que los demás y qué necesidad hay por satisfacer*. A continuación, daremos respuesta breve cada una de ellas.

¿Qué te gusta hacer? Si uno disfruta lo que hace, lo hace mejor.

¿Qué haces mejor que los demás? Encuentra algo que puedas hacer con más facilidad o mayor calidad que los demás.

¿Qué necesidad hay por satisfacer? Crea y produce algo que la gente quiera y necesite.

Sin lugar a dudas, identificar estas tres interrogantes y las respuestas que demos a cada una de ellas, es el primer paso que debemos dar en nuestro camino al emprendimiento. Difícilmente podrás considerar tener un negocio exitoso, si no te gusta lo que haces, si no lo dominas o si no responde a una necesidad insatisfecha.

Si bien es cierto que el desarrollo de una idea de negocio se perfecciona y domina con el tiempo, no es menos cierto que un alto porcentaje de emprendimientos se ven comprometidos cuando alguna de estas tres preguntas no es respondida objetiva y sinceramente desde un principio.

Pudiéramos imaginar cualquier cantidad de escenarios posibles en un emprendimiento donde la idea no ha sido correctamente identificada. Sin embargo, podemos mencionar superficialmente las siguientes situaciones.

1. *No te gusta lo que decidiste hacer* (en este caso, en lo que decidiste emprender). Terminarás renunciando a la idea. Nadie hace algo que no le guste hacer, a menos que esté acompañado de un sueldo y de grandes compromisos económicos personales (o por lo menos, eso dicen la mayoría de los empleados) Considerando la curva de

aprendizaje de un emprendimiento, estoy seguro de que, difícilmente, podrás soportar por mucho tiempo mantenerte involucrado en un proyecto que no te apasiona.

2. *Lo que decidiste hacer* (en este caso, lo que decidiste emprender) *no lo haces mejor que muchos otros*. La mediocridad terminará siendo tu marca, y en el mejor de los casos, tu forma de competir estará determinada únicamente por los bajos costos. Ser mediocre o ser barato, no es algo de lo que se pueda estar orgulloso.

3. *Tu emprendimiento no satisface una necesidad.* Acá quisiera evaluar dos posibles situaciones. Por un lado, sería tan sencillo como pensar que si un servicio o producto no ha tenido, no tiene, ni tendrá demanda, evidentemente estarás dedicando tiempo, dinero y esfuerzo en algo que no podrás monetizar. El desgaste y la frustración serán los resultados que más temprano que tarde obtendrás. Por otro lado, pensemos en la oportunidad (perfectamente posible) de "crear" un producto o servicio que terminará siendo deseado, más que necesario, y que hasta este momento no lo ha sido. En palabras de Seth Godin: *la gente raramente compra lo que necesita. La gente compra lo que quiere.*

Recordemos el caso de la Coca Cola, por ejemplo. Hace poco más de 130 años, un farmacéutico estadounidense intentó, inicialmente, crear un remedio que aliviara los problemas de digestión y también funcionase como un energizante. Terminó creando una bebida gaseosa que resultó ser un éxito, y que lejos de satisfacer una necesidad, ya que nunca funcionó como remedio sino todo lo contrario, logró convertirla en un producto deseado.

Actualmente, las posibilidades de crear algo íntegramente nuevo y desconocido, me resulta un poco desdibujado. Sin embargo, si consideras tener algo así en tus manos, te invito a ponerlo en marcha ahora mismo.

En cualquier caso, sea porque tu idea satisfaga una necesidad o porque tiene el suficiente potencial de convertirse en algo deseado, es indispensable tenerlo bien planteado.

La siguiente expresión de Martin Luther King Jr., recoge exactamente lo que he venido planteando sobre el querer hacer, saber hacer y el por qué hacer.

> *"Si un hombre está llamado a ser barrendero, debería barrer las calles como Miguel Ángel pintaba, o como Bethoven componía, o como Shakespeare escribía poesía. Debería barrer las calles tan bien, que todos los habitantes del cielo y de la tierra se detuvieran para decir: **aquí vivió un gran barrendero que hizo bien su trabajo**".*

Avanzar... ¿Cómo?

La idea del negocio

Estoy seguro de que la mayoría de las personas que hemos tomado la decisión de emprender, nos hemos topado con un primer y gran dilema: hallar una idea de negocio que sea novedosa y capaz de ser monetizada, sin dejar de lado que, de alguna manera, esté relacionada con un área de nuestro conocimiento o dominio y que nos despierte pasión. Nada fácil.

De hecho, el anteriormente mencionado Jeffrey Timmons, desarrollo un modelo para emprender que incluye, entre sus tres principales bases, la idea. Timmons incluye, además, el equipo y los recursos. A este esquema lo conocemos como Modelo Timmons para Emprender.

Parece bastante obvio suponer a que se refiere cada uno de estos puntos. Sin embargo, por considerar que la idea es quizás la semilla de la cual brotaran las raíces y el tallo que dará los frutos de nuestro emprendimiento, me gustaría ahondar un poco en este particular.

Hace algún tiempo recuerdo haber visto en un programa latinoamericano de emprendimientos, una idea de negocios que me sorprendió.

No mencionaré el programa ni el nombre de la aplicación que se presentó para no herir susceptibilidades, pero el programa lleva un tiburón en el nombre o el logo, no recuerdo bien. La idea, presentada magistralmente por un participante, consistía en una aplicación que conectaba en tiempo real a una comunidad de estudiantes con un staff de profesores y asesores de distintas áreas académicas. El concepto: lograr que los estudiantes anunciaran en la aplicación los trabajos e investigaciones que debían realizar para que, según la materia, un profesor o asesor se ofreciera a realizarla a cambio de un pago por tal servicio, mientras que la app se quedaba con un porcentaje del monto por el "enlace". La idea, novedosa. El concepto, insultante.

La idea de ofrecer un servicio que permita conectar en tiempo real (24 horas los 7 días de la semana) a una comunidad de estudiantes con profesores de distintas áreas, es atractiva. Poder acceder a una asesoría calificada mediante unos cuantos clics, sin duda es relevante y representa una gran oportunidad para ambas partes. Sin embargo, ofrecer un pago a cambio de que un tercero realice las tareas que por obligación te corresponde, es una manera irresponsable de plantear un negocio. Pretender sacar provecho de una práctica ilegal, es fomentar malos hábitos y restar importancia a los ya golpeados valores de nuestra sociedad.

En ocasiones solemos pensar que, si una idea nos gusta o nos parece interesante, a todos les va a gustar e interesar. Esto, la mayoría de las veces, no es así. Pensar una idea de negocio y desarrollar un concepto en torno a ella, es una tarea que nos exige mucho razonamiento, creatividad y pensamiento crítico.

Para empezar, y según mi experiencia y criterio, una idea de negocio debe ser capaz de:

- Despertar pasión en el emprendedor y el equipo.
- Generar beneficio económico para el emprendedor y el equipo.
- Generar fuentes de empleo directo y/o indirecto.
- Generar beneficio social a través del pago de impuestos.
- Satisfacer una necesidad a un grupo de personas.

Michael E. Gerber, en su libro *"La empresa E-Myth"* (2009), lo describe de esta manera:

> *"Una idea que resulte atractiva para los clientes, una idea que resulte atractiva para los empleados, una idea que resulte atractiva para los proveedores, una idea que resulte atractiva para las entidades de crédito... una buena idea".*

Para lograr esto, debemos esforzarnos porque nuestra idea de negocio cumpla con dos características primordiales, que sea *atractiva y relevante*.

Esto se entiende así: una idea de negocios *atractiva*, consiste en la "creación" de un producto o servicio que resulte llamativo para tu público, es decir, que emocione, que despierte interés. Cuando hablamos de "creación" nos referimos, también, a la mejora o adecuación de un producto o servicio ya existente.

Por otro lado, una idea de negocios *relevante*, consiste en que ese producto o servicio resulte importante para una persona o sector de la población. Si tu idea de negocio es *atractiva y relevante*, se convertirá en **necesaria.**

Veamos, a manera de ejemplo, los exitosos casos de **Airbnb** (2008) y **Uber** (2009).

Airbnb no acabó con el negocio hotelero ni de los hostales, simplemente detectó una oportunidad, diversificó las opciones de estadía de corto tiempo y facilitó la comunicación cliente–alojamiento.

El concepto que maneja esta empresa es el de ofrecer distintas formas de hospedaje. Esto le permite al cliente configurar el alojamiento que desea según el tiempo de duración, tipo (departamento, casa, cuarto, anexo), ubicación, cantidad de personas (desde una persona hasta grupos de 10 o 12 personas), con o sin servicios adicionales, privacidad y forma de pago (débito, crédito, efectivo), básicamente.

Bien sea a través de una computadora de escritorio, *tablet* o teléfono inteligente, el cliente ingresa el destino del viaje, las fechas de inicio y fin de la estadía y la cantidad de personas, y en fracción de segundos tendrá una importante variedad de opciones de alojamiento. En este punto, podrá decidir lo que mejor se ajuste a sus requerimientos. Además, tendrá acceso a la calificación de cada opción, según las opiniones, sugerencias y quejas que hayan dejado anteriores clientes referentes al lugar y al anfitrión (dueño o administrador de la propiedad)

¿La idea de Airbnb es atractiva? Sí. Resulta realmente novedosa la posibilidad que, desde tu smartphone, puedas configurar el alojamiento que deseas según tu presupuesto y necesidades, de forma rápida y fácil.

¿La idea de Airbnb es relevante? Indudablemente. Crearon una excelente opción en torno a un simple pero importante hecho: buscar alojamiento. Servicio que seguramente hemos necesitado alguna vez al momento de viajar solos, en familia o en grupos, por negocios o placer.

Como notarás, los creadores de Airbnb desarrollaron una propuesta nueva sobre la base de un servicio que ya existía, pero que evidentemente podía ser mejorado. Para el año 2017, Airbnb ingresó a sus cuentas la cantidad de 2.6 mil millones de dólares estadounidenses.

El caso de Uber no es menos interesante. Esta empresa tampoco acabó con los servicios de taxis tradicionales, como se ha querido señalar.

Todos en algún momento hemos utilizado, utilizamos y utilizaremos un servicio de taxi. Sin embargo, estoy seguro de que cada día, muchas personas, optan por una opción más segura, más rápida, más limpia y más justa con las tarifas. Esto es lo que ofrece Uber.

La popular aplicación le permite al usuario configurar, desde un teléfono inteligente, su traslado de un punto a otro. Con solo realizar un pequeño registro, indicar el punto de inicio y el punto de destino, en segundos la plataforma te indicará el costo del viaje, considerando: horario, tráfico, distancia, tipo de vehículo y cantidad de personas.

El sistema de geolocalización permite que, en brevísimo tiempo, puedas moverte de forma rápida, segura y confiable. Además, otras bondades como: poder pagar con tarjeta de débito, crédito o efectivo; seguir el viaje en tiempo real y compartirlo con otras personas; mecanismos de seguridad; servicios en el auto; etc., hacen que utilizar Uber sea una experiencia realmente cómoda.

Atrás quedó la vieja e incómoda práctica de tener que caminar hasta una vía principal para esperar que pasara algún taxi, con el riesgo que ello supone: inseguridad, tiempo de espera incierto, imposibilidad de elegir el tipo de auto que necesites, entre otros riesgos.

Desde el año 2008, en cada vez más ciudades de todo el mundo, los usuarios del servicio de transporte tienen la facilidad de planificar su traslado con las bondades que ya he mencionado.

¿Lo atractivo y relevante de Uber? Primero, la facilidad y la rapidez con la que ahora podemos acceder a un servicio de transporte desde nuestro teléfono personal. Segundo, lo importante que es para una persona hacerlo de forma segura y según la necesidad de vehículo que se tenga (compartido, auto mediano, grande o de lujo)

Uber llegó para transformar el negocio del servicio de taxis. Detectó las carencias que tenían los servicios tradicionales (taxi de calle o de sitio) y ofreció una nueva forma de viajar. Adicionalmente, Uber ha estado en constante transformación, siempre procurando ofrecer a sus usuarios una experiencia más completa. Poco a poco, se han ido incorporando nuevos servicios, como el botón de emergencia directamente en la aplicación, la calificación de los conductores y los vehículos, la posibilidad de pagar con tarjeta de débito, crédito o en efectivo, la entrega de comida a domicilio (UberEat), etcétera.

Esta empresa contrata a 6,700 personas a nivel mundial y generó ingresos por 14.15 miles de millones de dólares estadounidenses en el año 2019.

Curiosamente, Airbnb ofrece alojamiento, pero no tiene hoteles. Uber ofrece traslados, pero no tiene vehículos.

He querido relatar estas tres experiencias: la de la cuestionable "asesoría académica", Airbnb y Uber, para ejemplificar de forma muy gráfica como debe ser el planteamiento de una idea de negocios. En este sentido, quiero destacar a manera de resumen:

1. Si una idea te gusta o te parece interesante, no necesariamente tiene que gustarle o parecerle interesante al resto de la humanidad.

2. Una idea de emprendimiento debe poder convertirse en un negocio rentable, y ser capaz de cumplir con las cinco características que mencioné al inicio.

3. Una idea novedosa no siempre es una idea atractiva y relevante.

4. Un emprendimiento y posterior empresa, puede crearse a partir del mejoramiento de un producto o servicio ya existente, y no obligadamente de algo nunca antes visto.

5. No necesariamente tu producto o servicio debe estar cien por ciento validado para salir. Mejora, transforma y adapta sobre la marcha.

Guy Kawasaki lo plantea de la siguiente manera:

"La forma de proceder más sensata es apostar por un prototipo, lanzarlo de inmediato al mercado y perfeccionarlo rápidamente. Si esperas a que se den las circunstancias ideales y a disponer de toda la información necesaria (lo cual es imposible) el mercado se te va a adelantar".

Ya habiéndome extendido en el tema de la idea, no puedo dejar de tocar los otros dos aspectos no menos importantes: los recursos y el equipo, aunque éste último también será abordado en profundidad más adelante.

Timmons plantea que los recursos incluyen el conjunto de materiales, insumos, maquinaria, presupuestos y espacios, necesario para poner en marcha tu idea de negocios. Mientras que el equipo, liderado por el emprendedor, deberá ser capaz de trabajar coordinadamente, compartiendo no solo un mismo espacio, sino también las formas de trabajo y, sobre todo, la idea.

Tomar como referencia este modelo para dar los primeros pasos y organizar tus ideas, seguramente te permitirá tener una visión más clara acerca de tu emprendimiento. A lo largo del texto profundizare sobre estos temas.

A manera de dato curioso, me gustaría cerrar este apartado recordando la entrevista que, en el año 2016, le hiciera el español Pablo Motos al actor, también español, Antonio Banderas. Este último, le contaba a Matos, la siguiente curiosa anécdota.

Hace un par de años, en una de las fiestas que se dio después de la entrega de los Oscar en Hollywood, había un tipo relativamente joven, sentado muy cerca de mí, y se me acercó y me dijo:

"Me encantan tus películas... ¿tú sabes quién soy yo?", - y le digo - *Ay no sé, ¿un actor?*, y me dice: *"No, no, no, yo fundé una compañía que se llama Uber"*. Al día siguiente miré el valor de la compañía y eran 44 miles de millones de dólares, pero me dijo una cosa: *"Yo me he caído, y me he caído, y me he caído y me he vuelto a levantar, y he vuelto a caer, y cuando ya pegué fuerte con Uber, yo debía muchísimo dinero a muchísima gente"*

A tu idea de negocio, inyéctale pasión y cree firmemente en ti.

El entorno

Al momento de concebir tu idea de negocio, es necesario que considers otros factores que influyen directamente en el proceso: conocer el mercado donde pretendemos coexistir, las estrategias de venta, organización y logística que aplicaremos, los potenciales clientes que hay, la competencia existente y los proveedores que servirán de aliados, es fundamental.

A modo de interrogantes, señalo los aspectos que deben considerarse en cada uno de estos ítems.

El mercado.

- ¿Qué hay? ¿Existe algo igual o parecido a mi idea?
- ¿Cómo es? Eso que existe, ¿qué tiene? ¿Cuáles son las oportunidades y amenazas?
- ¿Características? En cuanto a precio y calidad, ¿qué ofrecen? ¿Está el producto dirigido a un mercado viable?
- ¿Estabilidad? ¿Es un giro estable o se debe a una situación o realidad puntual?

La estrategia.

- ¿Cómo lo ofrecerás? ¿Cómo piensas llegar a tus clientes potenciales? ¿Tienes una estrategia definida y comprobada? ¿Intentarás con mecanismos novedosos aún no probados?
- ¿Qué te distingue? ¿Qué aspecto de tu producto o servicio será tu marca distintiva? ¿Qué ofrecerás que los demás no tienen? ¿Cuál es tu propuesta de valor?
- ¿Cómo lo harás? ¿Cómo destacaras o harás conocer tu marca distintiva? ¿Cómo conectarás a tus clientes potenciales con tu marca? ¿Cuáles son tus fortalezas y debilidades?

- ¿Cómo será la logística? ¿Y el transporte? ¿Cuáles serán los medios de entrega? ¿Y la capacidad operativa?

Los clientes.

- ¿Quiénes son? ¿Representan una comunidad pequeña, mediana, grande? ¿Hay posibilidades de aumentarlos? ¿es un sector específico de la población?
- ¿Qué piden? ¿Está comprobado que necesitan tu producto o servicio?
- ¿Cuáles son sus características? ¿Están cerca o distantes? ¿A quién va dirigido el producto: hombres, mujeres, niños, tercera edad, empresas, estudiantes, profesionales...?
- ¿Son constantes o eventuales? ¿Permanentes o por temporadas?

La competencia.

- ¿Qué ofrecen los competidores? ¿Algo similar o parecido? ¿Pueden copiarte y ofrecer algo mejor? ¿O puedes hacer benchmarking con algunas de ellas?
- ¿Cómo lo ofrecen? ¿Qué estrategias usan? ¿Cómo llegan a sus clientes potenciales?
- ¿Cuáles son las debilidades? ¿Cuáles son sus fallas? ¿Dónde están? ¿Qué tiene mi producto o servicio que el de ellos no tiene?
- ¿Cuáles son las fortalezas? ¿Cuáles son sus ventajas competitivas? ¿Qué tienen sus productos o servicios que el mío no lo tiene?

Los proveedores.

- ¿Quiénes son? ¿Son fáciles de ubicar? ¿Están dispuestos a ayudarte? ¿Cuáles son sus condiciones de negociación?
- ¿Estabilidad? ¿Siempre van a estar ahí o constantemente tienes que renovar la cartera de proveedores?
- ¿Cómo es la calidad de sus productos e insumos? ¿Su calidad está garantizada?
- ¿Te ofrecen garantía de sus productos tanto en calidad como en cantidad y tiempo de entrega?
- ¿Son sólidos? ¿Son confiables?
- ¿Cuál es el respaldo que te ofrecen? ¿Tienen experiencia en el ramo? ¿Y trayectoria comprobable? ¿Pueden responder a tus requerimientos en cualquier momento?

El mercado laboral.

- ¿Qué tipo de trabajadores necesitas? ¿Cuántos necesitas para echar a andar el proyecto?
- ¿Qué preparación y experiencia deben tener?
- ¿Cómo llegar a ellos? ¿Cómo debe ser el proceso de reclutamiento y selección?
- ¿Qué tipo de salario y otros beneficios debes ofrecer?

La legislación.

- ¿Hay regulaciones particulares en ese giro o que rigen específicamente esa actividad?
- ¿Existe algún régimen de excepción?

- ¿Hay organismos oficiales y/o gubernamentales que ofrezcan algún tipo de apoyo técnico o financiero?
- ¿Se requiere algún permiso o concesión para poder operar en ese giro?
- ¿Qué gestiones debes hacer para dar formalidad legal a tu emprendimiento? ¿Ante qué organismos debes hacerlos? ¿Cuáles son los costos?

La estructura

Toda idea de negocio o proyecto de emprendimiento, debe contar con una estructura que le dé forma y fondo a su razón de ser. Además de darnos un sentido de organización, representará la formalidad y seriedad con la que cuenta el proyecto y nosotros como emprendedores.

Solemos pensar que definir la misión, visión y valores debe hacerse cuando la idea de negocio está lista para salir al mercado. Incluso, en muchos más casos de los que imaginamos, ni siquiera se le da importancia a esto. Lo cierto es que establecer estas definiciones en una etapa temprana del proyecto, nos puede aportar valiosas ideas en cuánto a lo que queremos y cómo lo queremos. La misión, la visión y los valores del negocio deberán constituir tres pilares fundamentales donde se cimente el emprendimiento.

¿Qué es la misión de una empresa? Es una declaración o manifestación duradera del objeto, propósito o el motivo que justifica la existencia de una empresa. Resume cuál es la razón de ser del emprendimiento.

¿Qué es la visión de una empresa? Indica hacia dónde se dirige una empresa o qué es aquello en lo que pretende convertirse en el largo plazo. Define qué queremos llegar a ser.

¿Qué son los valores de una empresa? Es un conjunto de principios morales y actitudinales que rigen el funcionamiento de una empresa. Son instrumentos gerenciales que permiten orientar las conductas de los miembros de la institución.

A propósito del emprendimiento: la curva de aprendizaje y el punto de equilibrio

No quisiera cerrar el tema del emprendimiento, su definición y caracterización, sin mencionar una importante lección que debemos aprender. Sea que por cuenta propia la vayas a experimentar, o bien, que ya sepas de esto por un tercero, quisiera comentarte sobre la curva de aprendizaje del emprendimiento y los costos económicos, emocionales y de tiempo, que pudiera ocasionarte si no eres lo suficientemente responsable contigo mismo.

Seguramente habrás escuchado que *quien persevera, vence*. Esto indudablemente es así. Sin embargo, cuando decidimos poner en marcha un emprendimiento y, por consiguiente, invertir tiempo, dinero y emoción en él, debemos establecer ciertos límites en el proceso. No te hace más o menos emprendedor, el querer dedicarle grandes recursos a una idea que probablemente no vaya a resultar en el éxito que esperas o que valdría la pena. Por el contrario, creo que sería injusto contigo mismo el desgastarte en un proyecto no redituable, sin mencionar el sacrificio que representa, por ejemplo, para una pareja o la familia, el ser coprotagonista de una aventura de tal magnitud. Este es, quizás, el aspecto más delicadamente importante de un emprendimiento: la curva de aprendizaje.

En palabras sencillas, la curva de aprendizaje es la relación que existe entre el tiempo invertido y la *expertise* adquirida en una tarea. Es decir, el tiempo que le toma a cualquier persona aprender suficientemente sobre una actividad, o negocio en este caso.

Imaginemos por un momento que decidimos iniciar nuestro emprendimiento el día uno. Indistintamente de que tengas las actitudes, el potencial y los recursos necesarios, comprenderás que es una experiencia totalmente nueva y que, sobre la marcha, irás aprendiendo aspectos importantes sobre la dinámica del negocio: el producto o servicio que ofreces, las compras y ventas necesarias, los clientes y su demanda, el entorno y sus características, etc. Es comprensible, entonces, que durante ese tiempo de aprendizaje ocurran algunas fallas que pongan en riesgo el correcto funcionamiento del negocio. Pero, ¿quién nos dice que tres meses, un año o cinco, son los necesarios para conocer suficientemente el negocio y no permitirte más errores o más inversión? Para el emprendedor, dos o tres años podrían ser suficientes. Para un tercero (como la pareja o la familia), seis meses de errores podrían ser toda una eternidad. Les contaré una historia personal acerca de esta situación.

En el año 2012, mi cuñado, mi hermana y yo, decidimos incursionar en el mundo de la capacitación gerencial y técnica, a través de la creación y constitución de un instituto de formación y capacitación empresarial. Teníamos la idea clara, disponibilidad de recursos y cierta experiencia en los negocios.

Éramos totalmente conscientes de que los primeros meses serían una especie de "prueba en vivo" sobre cómo debía funcionar ese emprendimiento. Mes a mes fuimos descubriendo importantes y necesarios aspectos propios del giro: cómo debía ser la publicidad, qué debíamos ofrecer, los horarios y las frecuencias de las capacitaciones, los costos, la dinámica de los participantes, su capacidad de pago, etc. Fueron tres meses que se convirtieron en seis, luego nueve, y así llegamos a los 12 meses. Sin embargo, las fallas no dejaron de aparecer durante todo ese tiempo y nuestros números nunca fueron muy distintos: siempre bajos con ligera tendencia al alza.

Pudiéramos decir que fue un año de aprendizaje, sí. Efectivamente nuestros conocimientos acerca del negocio de la capacitación se incrementaron con relación al primer mes. Sin embargo, era evidente que mes a mes aparecían nuevas situaciones que nos obligaban a replantear el negocio, y con esto, invertir más dinero y más tiempo. Al final, si observáramos gráficamente esta curva de aprendizaje, tendríamos una línea ligera y permanentemente ascendente, lo que se traduce en un aprendizaje lento y logrado en un lapso de tiempo largo, 12 meses.

Un año donde no pudimos dominar totalmente el negocio, a tal punto de que no logramos cambiar considerablemente nuestros números. Un año en el que pudimos haber destinado esos recursos a otras actividades u otro negocio realmente más escalable y redituable. Pero lo importante al final del día, es que fuimos capaces de notar el poco y lento crecimiento e inviabilidad del negocio en esos términos. Decidimos parar en un momento, para nosotros, prudente.

Lo mismo que con la curva de aprendizaje, ocurre con el punto de equilibrio o *break even*. Pero aquí, ya entramos en un tema de tiempo/dinero, y no de tiempo/aprendizaje.

Podemos entender el punto de equilibrio simplemente como el punto en el que los ingresos producto de tu actividad, coinciden con tus egresos. Es decir, en el punto de equilibrio o *break even* no ganas ni pierdes, simplemente estas en igualdad de números: lo que ingresa es igual a lo que sale.

Básicamente la interrogante tendría el mismo enfoque: ¿cómo saber que tres meses, seis o nueve, son los necesarios para alcanzar ese punto de equilibrio, donde dejamos de "perder" dinero y empezamos a salir, *por lo menos,* igual en la relación ingresos/egresos?

Quise mencionar estos dos fenómenos de forma conjunta, porque existe una estrecha relación en la interpretación de ambos. Lograr en un mínimo tiempo ese punto de equilibrio, y a partir de allí empezar a obtener la esperada utilidad, pasa por aprender rápidamente sobre el producto, el mercado, los clientes y todo lo que influye en el negocio. En muchos casos, el no lograr ese punto de equilibrio ocurre por no saber leer ciertos aspectos que están interfiriendo negativamente en los números.

Continuando con el ejemplo personal que acabo de compartir, podrás imaginar que, durante ese año, no logramos que nuestros ingresos siquiera compensaran los gastos que teníamos por mantenimiento y operación del instituto. Al final de cada mes, los gastos de alquiler, servicios (teléfono, agua, luz, internet), limpieza, personal de atención al cliente y otros costos asociados, como el café, impresiones, publicidad, etc., eran considerablemente mayores que los ingresos que recibíamos por los cursos que lográbamos colocar.

En este caso, el comportamiento fue: dos líneas que ascendían constantemente (los ingresos y los gastos) y un *break even* que nunca apareció. Mientras más vendíamos, más gastábamos en esas ventas. Mientras más cursos colocábamos, más pagábamos en servicios, en limpieza, en publicidad, en material de todo tipo.

Resumiendo, fue tiempo y dinero invertido que no se tradujo en grandes cambios, y tampoco en alguna estadística que nos dijera que íbamos en el camino correcto. Probablemente era el mercado, el enfoque o el momento y las circunstancias. Sin embargo, es un claro ejemplo de que a veces, hay ideas que debemos dejar ir por ser poco rentables en términos de tiempo y dinero.

Es difícil entender estas situaciones y tener la madurez y la responsabilidad suficiente para saber cuándo parar. Desgastarte en una idea que por distintas razones no está resultando, es encapricharnos y sacrificar, además de tiempo y dinero, estabilidad emocional.

Entiendo que cada una de las situaciones que se presentan allá afuera, son muy distintas unas de otras. Y no se trata de establecernos tiempos estrechos y montos insignificantes de dinero para invertir en nuestra idea, pero sí de no desaprovechar unos buenos y productivos años en una idea de negocio donde nuestra inversión, no se vea compensada con creces.

Recordemos, por ejemplo, casos como el de Milton Hershey o Ray Kroc, quienes en algún momento de la historia tuvieron que desprenderse de sus primeros emprendimientos, para dar paso a esos siguientes intentos que terminaron por convertirlos en exitosos empresarios. En el caso de Hershey, se deshizo de su empresa (no tan rentable como a la que dio paso) *Lancaster Caramel Co*, para dedicarse enteramente a la *Hershey Chocolat Co*, donde nació y se comercializó el chocolate de fama mundial que hasta hoy lleva su nombre. Por su parte, Kroc, al descubrir el potencial que tenía el preciso sistema de producción de la hamburguesería de los hermanos McDonald's, no dudó ni un momento en abandonar su propia empresa *Prince Castle Sales* (con la cual comercializaba máquinas para hacer batidos a restaurantes) para emprender con el nuevo y exitoso modelo de negocio que acababa de descubrir.

En este punto, pudiéramos suponer qué habría pasado si, tanto Hershey como Kroc, hubiesen insistido con sus ideas de negocio originales: el primero, fabricando y vendiendo caramelos; el segundo, comercializando máquinas para restaurantes. Quizás sus nombres no aparecerían mencionados en los muchos casos de emprendedores y empresarios exitosos.

CAPÍTULO II

Lo malo. *Sí, hay puntos malos.*

Obstáculos a vencer

"Un hombre no está acabado cuando es derrotado, está acabado cuando abandona"
Richard Nixon

En este capítulo hablaremos de los principales obstáculos que suelen aparecer en el camino del emprendimiento. Las personas, la edad, los miedos, la inversión, el momento y los cambios, son las principales barreras que debemos sortear en nuestro proyecto o idea de negocio.

Acompañaremos cada uno de estos obstáculos con anécdotas reales, de cómo algunos emprendedores convirtieron estos obstáculos en oportunidades de éxito.

Las personas

"Eso suena como una muy buena idea, pero sería una mejor idea para alguien que no tuviera ya un buen trabajo". Esto fue lo que dijo su jefe a Jeff Bezos, cuando le planteó la idea de su librería en línea.

Bezos, no dejándose amilanar por aquellas palabras, decide independizarse en 1994 y funda una librería en línea llamada Cadabra.com.

En pocos meses, y ya con su nuevo nombre de Amazon.com, la web logró que diariamente más de 2,000 personas la visitaran, y un año más tarde, eran

50,000 personas las que cada día entraban en su página.

Amazon actualmente es una de las empresas en línea más importantes del mundo, lejos de aquel 16 de julio de 1995 en el que se registró la venta del primer libro.

Actualmente Jeff Bezos tiene un patrimonio superior a los 175 mil millones de dólares; Amazon vendió más de 230,000 mil millones de dólares en el año 2018 y emplea a más de 610,000 personas a nivel mundial... *¿se imaginan que Jeff se hubiera dejado influenciar por la opinión de su jefe?*

En la novela de Antoine de Saint-Exupéry, El Principito, su protagonista narra la historia de cómo abandonó su carrera de pintor. A pesar de ser solo un cuento infantil (uno de los más populares en todo el mundo, con más de 140 millones de ejemplares vendidos y traducido a más de 250 idiomas y dialectos, por cierto) nos deja maravillosas enseñanzas de la mano de un niño, el principito. Una de ellas, es la de cómo algunas personas recomiendan a otras el tomar este o aquel camino, sin detenerse a pensar en los verdaderos sueños y talentos de cada quien. Cito el extracto de la historia:

> *"Las personas mayores me aconsejaron abandonar el dibujo de serpientes boas abiertas o cerradas, y que me interesara más por la geografía, la historia, el cálculo y la gramática. Y así fue como abandoné, a los 6 años de edad, una magnífica carrera de pintor.*

> *Descorazonado por el fracaso de mi dibujo número 1 y 2, tuve pues que escoger otro oficio y aprendí a pilotar aviones".*

En ambas historias, la de Bezos y la de el principito, hay evidentes diferencias. La primera, real; la segunda, ficción. En la primera, su protagonista no se deja influenciar por la persona que opina sobre su destino; en la segunda, el protagonista sí lo hace.

Las personas siempre opinamos según nuestras experiencias y conocimientos. En la mayoría de los casos, me atrevería a pensar que sin mala intención y con el afán de advertir sobre un posible error o fracaso, influenciamos a personas cercanas y podríamos hacerlas dudar sobre decisiones importantes. Solo quiero que te quedes con la moraleja de las historias que acabas de leer, y en su momento, valores sensatamente las opiniones de los demás y tus propias expectativas.

La edad

Ray Kroc incursionó en el mundo restaurantero a la edad de 52 años, al asociarse con 2 hermanos que vendían hamburguesas en un pequeño local en la ciudad de San Bernardino, Estados Unidos. Hasta ese momento, la trayectoria laboral y empresarial de Kroc no había sido destacable. Usó este restaurante limpio y eficiente como *showcase* para vender franquicias en el resto de Estados Unidos y ampliar el negocio, que para entonces seguía siendo propiedad de los hermanos fundadores. Por cada franquicia que vendía, Ray obtenía el 1.9 % de las ventas totales.

Para el año 1961, a sus 59 años, Ray Kroc se hizo con el control total de la hamburguesería, llamada *McDonald's*. El resto es historia.

La historia de Harland David Sanders no deja de ser igualmente curiosa. Abrió su primera cocina a la edad de 39 años, donde se hizo popular por su método único de cocinar el pollo frito, la cual lograba gracias a la combinación de más de 10 hierbas y especies. Debido al éxito alcanzado y la recomendación de grandes críticos gastronómicos, patentó su receta en el año 1940. Tenía 50 años de edad.

Diez años más tarde, inició la expansión de su negocio a través de una red de franquicias, las cuales le reportaban ganancias por cada pieza de pollo frito vendida. Sanders, vendió su idea y negocio en el año de 1964 por un monto de 3 millones de dólares, el equivalente a casi 25 millones de dólares actuales (2020). Una nimiedad, considerando que Harland David Sanders es el mundialmente conocido *Coronel Sanders*, creador de la prestigiosa marca *Kentucky Fried Chicken* (KFC), aún vigente y con presencia en muchos países del mundo.

Tanto Ray como Harland no vieron su edad como un impedimento para ver materializados sus sueños. Aun cuando pudieron sentir que no tenían la vigorosidad propia de la juventud, fueron conscientes del valor que tenía su idea y trabajaron sin descanso en función de un negocio que fue, es y seguirá siendo exitoso.

Los miedos

En párrafos anteriores ya hemos hecho mención a los miedos, como obstáculos en la carrera del emprendedor. Miedo a salir de la zona de *confort*, miedo a perder el dinero, miedo al rechazo de los clientes y miedo a no vender correctamente la idea, representan las primeras vallas que veremos desde la línea de salida.

No obstante, durante toda la trayectoria que procuremos para nuestro emprendimiento, seguirán apareciendo distintas situaciones, distintos miedos, que únicamente servirán para reforzar nuestro convencimiento y medir nuestras propias capacidades.

El caso que he seleccionado para graficar los miedos, recoge varios momentos en los que el temor de enfrentarse a situaciones no controladas y al mismo tiempo comprometedoras, terminaron por convertir a Bimbo en un referente latinoamericano en la industria del pan.

Cuando el padre de Lorenzo Servitje fallece en el año de 1936, éste se enfrenta a lo que podríamos identificar como su primer miedo: encargarse de la pastelería familiar cuando apenas tenía 18 años de edad.

Cuatro años más tarde, conjuntamente con un primo y un amigo, se hacen de la distribución de cámaras fotográficas en México, creando para este fin su primera empresa. Jóvenes, sin experiencia, sin grandes recursos económicos, pero sí con grandes sueños, se enfrentan a lo que podríamos señalar como un nuevo gran desafío.

Poco tiempo después, Lorenzo se propone y materializa la compra de un moderno horno construido en Estados Unidos, del cual no conocían su funcionamiento ni instalación, pero si la gran capacidad de producción que ese horno podría significar para la pastelería, ahora también convertida en panadería.

A partir de allí, inicia una nueva etapa en el negocio familiar. Se conforma una sociedad de 6 personas, en la que cada uno de ellos aporta valor. Capital monetario, conocimiento en ventas, experiencia en elaboración de pan y en maquinaria de panadería, son algunas de las áreas dominadas por los miembros del equipo. Es así como inicia el desarrollo de una nueva idea de negocio, y con ella, se enfrentan a cuatro grandes temores. Primero, introducir al mercado mexicano la producción masiva del pan de caja (sándwich) que hasta ese momento era bastante desconocido y solo llego a comercializarse a pequeña escala en algunas zonas. Segundo, adquirir un préstamo de más de 500,000 pesos mexicanos de la época. Tercero, la construcción de una planta panificadora de unos cuantos miles de metros cuadrados; y cuarto, desarrollar las estrategias de comercialización para un producto que, hasta ese momento, no era pedido por la sociedad mexicana.

Como verás, el miedo a perder dinero, el miedo a no vender correctamente una idea de negocio (a socios, al banco, a los clientes) y el miedo al rechazo de éstos últimos, están presentes en esta sola historia.

Sin embargo, esto no fue suficiente para desalentar a los fundadores de Grupo Bimbo, que a la fecha se ha convertido en una empresa con presencia en 33 países, y que en 2017 contrataba a 137,000 empleados y generó ingresos por más de 196 mil millones de pesos mexicanos.

Uno de los socios fundadores de Google, Larry Page, dejó sentenciado el momento en el que decidió no permitir que sus temores impidieran ver materializado el sueño que desde hace algunos años tenía, que era poder "bajar" toda la web a los ordenadores. Así lo dijo en alguna entrevista: *"cogí un bolígrafo y empecé a escribir, pasé la mitad de esa noche garabateando los detalles y convenciéndome a mí mismo de que iba a funcionar"*.

Fue así como Page supo sobreponerse a su principal miedo: lograr reunir más de 10 millones de documentos que existían en las tres uves dobles (y un montón más de enlaces), en un solo buscador, más ordenado e incluso capaz de jerarquizar la información (páginas) según la cantidad de webs que apuntasen hacia ellas. Por si esto fuese poco, se enfrentaba al hecho de que todos los recursos informáticos que requería aquel proyecto, superaban ampliamente los que hasta la fecha se habían utilizado para cualquier otro trabajo estudiantil en la Universidad de Stanford, donde Larry cursaba su tesis doctoral en ese momento.

Antes de finalizar, quise rescatar de la frase de Page: *"convenciéndome a mí mismo de que iba a funcionar"*, y no puedo pensar en alguna otra mejor manera de enfrentar y superar los miedos que aparecerán en nuestro camino como emprendedores. Es allí donde reside gran parte del secreto.

La inversión

Fue despedido de un periódico porque no tenía creatividad, pero eso no fue todo. Su primera empresa de animación llamada Laugh-O-Gram Films no prosperó y se declaró en bancarrota en 1923. Walt Disney quedó desesperado y sin dinero.

Firme en su convicción de convertirse en un maestro de la animación, se las ingenió para, junto con su hermano Roy, venderle a la distribuidora de cine Margaret J. Winkler la serie animada *Comedias de Alicia*, fundando así la *Disney Brothers Studio* a finales de 1923.

Luego de algunos cambios ocurridos en la mencionada distribuidora, para el año 1928 Disney negociaba la nueva tarifa de su serie *Oswald el conejo afortunado*, sin embargo, lo que logró fue quedar fuera de la empresa que lo contrataba y, además, perdió casi todo su equipo de trabajo, que decidió trabajar directamente para la distribuidora. Walt volvía a perder dinero, pero no su ambición.

Ese mismo año, Walt Disney vuelve a intentarlo, pero ahora con una nueva caricatura: Mickey Mouse. Para 1939, solo 11 años más tarde de su último fracaso, la compañía logró factura 6.5 millones de dólares con su filme *Blancanieves y los siete enanitos*.

La dificultad para conseguir los recursos económicos necesarios y poner en marcha un proyecto, es verdaderamente un desafío. En el caso de Disney, no solo se trató de perder este recurso, sino también de perder su equipo de trabajo, que evidentemente es una inversión incluso más importante que el dinero.

Quizás el nombre de Nick Woodman no te resulte muy conocido. Me dará gusto contarte la historia de este joven emprendedor que, en el año 2002 y con 27 años, tenía un patrimonio de 30,000 dólares aproximadamente. Te parecerá mucho, te parecerá poco, pero lo sorprendente es que actualmente (año 2020), Woodman tiene 44 años y un patrimonio de 800 millones de dólares. Fundó y dirige una empresa que contrata a 970 personas y que para el año 2018, arrojó ingresos por más de 1.100 millones de euros.

Aunque parezca increíble, Woodman fundó su empresa ahorrando el dinero que le dejaba la venta de collares que compraba en Bali y vendía luego en California. Más tarde, echó a andar su idea de negocio gracias al financiamiento que recibió de sus padres (235,000 dólares) más una máquina de coser que le prestó su mamá, y que usó para coser unas correas a las cámaras mientras hacía sus primeras pruebas.

En la historia de Woodman hay varios aspectos que merecen ser destacados. En principio, he querido graficar con esta historia cómo puede ser manejada la falta de inversión que, si bien es un gran problema, puede ser resuelto cuando las ganas y la firme convicción de una buena idea, son el mayor activo.

La historia de Woodman se remonta al año 2002, cuando estando de vacaciones en Australia y siendo amante del surf, notó lo incómodo que resultaba para él y los demás surfistas, lograr sacar fotos y videos de sus maniobras con equipos tradicionales. Allí surgió una idea, como consecuencia de una necesidad insatisfecha e "invisible" al resto del mundo. Allí surgió un sueño y una gran motivación que lo llevo casi de inmediato a la acción. Allí surgió GoPro.

No teniendo suficiente capital, se valió de la reventa de algunos productos y de sus padres (*family, friends and fools*, fuentes de financiamiento), para poner en marcha su increíble idea.

Como dato adicional importante, encontramos en la vida de Woodman dos fracasos que antecedieron a GoPro. Una primera empresa llamada EmpoweAll.com, fracasó, llevándose con ella la inversión que Woodman había conseguido para crearla. Pese a este primer fracaso, logró reunir nuevamente el capital necesario para poner en marcha su segundo gran proyecto, una plataforma de juegos y *marketing* llamada Funbag. Esta, también falló. Su tercer intento de emprendimiento y nuevamente enfrentado a la carencia del capital requerido, fue GoPro, cuya exitosa historia ya he contado brevemente.

Walt Disney y Nick Woodman: dos historias de emprendimiento que coinciden en un mismo obstáculo: la inversión. Dos situaciones muy distantes en momento histórico y en giro. Por un lado, un emprendedor que perdió tiempo, dinero y equipo de trabajo, no una ni dos veces, sino tres. Por otro, un emprendedor que no tenía el dinero para fundar la empresa ni para darle forma a su negocio. Ambos se valieron de su inquebrantable espíritu ganador para sacar adelante su idea, y el resultado habla por sí solo. Sin duda alguna, ambos escribieron sus historias y ya han dejado un imborrable legado.

Y tú, ¿qué harás para superar el obstáculo que representa la falta de inversión para tu emprendimiento?

El momento

Cuando hablo del momento como obstáculo a vencer, quiero referirme a los emprendimientos que no resultaron exitosos en una primera oportunidad, o que surgieron luego de algunas experiencias frustrantes de los emprendedores.

Particularmente suelo ser muy racional, y pretendo siempre tener una justificación precisa sobre el por qué suceden ciertas cosas, para bien o para mal. Sin embargo, la vida nos enseña que una parte de esa realidad que vivimos, se debe a eventos fortuitos, a los que muchas veces no podemos atribuirles justificación alguna, o por lo menos, no visible.

Hago esta reflexión para introducirnos en el tema que nos ocupa, y entender que muchos emprendedores exitosos acumularon una serie de fracasos y frustraciones que, en principio, para ellos seguramente resultaron incomprensibles, pero no fueron más que puertas cerradas guiándoles a su verdadero destino.

Brian Acton no fue contratado por Facebook cuando se postuló a una vacante, y así lo hizo saber en su cuenta de Twitter al escribir el 3 de agosto de 2009:

> *"Facebook turned me down. It was a great opportunity to connect with some fantastic people. Looking forward to life`s next adventure / Facebook me rechazó. Era una gran oportunidad para conectarme con personas fantásticas. Continúo hacia mi próxima aventura de vida".*

Y vaya que sí llegó su próxima aventura de vida, ya que junto a su socio creó el sistema de mensajería *WhatsApp*, que 5 años más tarde vendió a Facebook por 19 mil millones de dólares.

Jack Ma, empresario chino fundador de Alibaba.com, fue rechazado de varios trabajos, incluyendo la policía y la cadena de comida rápida KFC. De McDonald's, fue despedido. Seguramente nunca mostró dotes de ser un empleado ejemplar, de hecho, opino que generalmente los emprendedores somos los peores empleados. Para el año 2020, el patrimonio de este empresario asiático ronda los 44 mil millones de dólares.

Otra conocida historia que da cuenta de que el momento no necesariamente lo escogemos nosotros a voluntad, es el Milton Hershey. Luego de trabajar algún tiempo en una fábrica de dulces, se decidió a iniciar su propio negocio chocolatero, el cual fracasó miserablemente. Intento una segunda y una tercera vez, obteniendo los mismos resultados.

En este punto, decidió volver a la granja familiar para perfeccionar su técnica, volviendo por cuarta y última vez en el momento que era correcto para él y su idea. En el año 2019, *Hershey Company* registró ventas por 7.986 millones de dólares, lo que representa un 2,5% más de lo registrado el año anterior. Además, tiene presencia en aproximadamente 90 países a través de más de 80 marcas.

La próxima vez que fracases en una idea de negocios, la próxima vez que te cierren la puerta a un empleo, la próxima vez que sientas que una oportunidad pasó, siéntate y presta atención. Quizás tu momento este cerca.

Los cambios

Corría el año de 1872 cuando Jacob Davis, quien compraba regularmente prendas de vestir y especialmente vaqueros, le comunicó a su principal proveedor el inconveniente que presentaban sus pantalones: los bolsillos no eran resistentes, y se descosían fácilmente por el hostil trabajo en las labores de minería.

Ambos, Davis y el proveedor, se dispusieron a buscar alguna solución, y decidieron probar reforzando las esquinas de los bolsillos con remaches metálicos. David sugirió que juntos solicitaran la patente de esta iniciativa, y fue el 20 de mayo de 1873 cuando llegó la concesión y la marca registrada. Así nacía oficialmente el primer pantalón vaquero con remaches metálicos, e inicia la producción de la prenda de vestir más fabricada de todos los tiempos: los jeans *Levi's*.

Otro conocido emprendedor también dedicado al mundo textil, en este caso el cuero, es el colombiano Mario Hernández. En algún momento, una necesidad de cambio fue la clave para preservar su patrimonio y no poner en riesgo su marca.

Hace algunos años, este empresario se presentaba frente a un grupo de estudiantes de una universidad colombiana, para hablar sobre sus experiencias. En esta charla, habló sobre lo que le había sucedido cuando se decidió a abrir un almacén en la ciudad de Nueva York, Estados Unidos.

Para ese momento, la marca ya contaba con buen prestigio y con todo el potencial para convertirse en un nuevo competidor mundial en el giro de artículos de lujo elaborados en cuero, y a esto le apuntó su fundador... *¿qué mejor idea para intentar avanzar en su conquista mundial, que abrir un almacén en una de las ciudades capitales de la moda?* La idea no podía parecer mejor.

Al transcurrir un tiempo desde su inauguración, el empresario notó que los resultados no eran los esperados. No solo los números no le favorecían, sino que la afluencia de personas a su tienda, no era ni cercana al público al que estaban acostumbrados en otras localidades.

En su afán por encontrar una respuesta, Hernández contrató a un grupo de expertos en *marketing* y estrategias de ventas para determinar las razones de su aparente fracaso en tierras norteamericanas. Pronto tendrían la respuesta: el nombre.

Marroquinería Mario Hernández es un nombre que para el mercado americano no dice nada. Para empezar, la palabra marroquinería (que significa confección de artículos de marroquí, es decir, piel curtida bruñida y lustrosa) como bolsos, guantes, billeteras, chaquetas, maletines, etcétera, es de difícil pronunciación para ese mercado. Segundo, un nombre latino y poco conocido para ese momento como Mario Hernández (años noventa), tampoco era de gran significado. Este pequeño pero importante error, fue la más grande razón para que el almacén fuera cerrado. El intento, fracasó. Sin embargo, el mismo diseñador asegura que ese fue el mejor MBA que pudiese haber cursado.

A raíz de esta experiencia, Hernández reorientó su proyecto porque comprendió que para abarcar nuevos mercados, hace falta más que la simple intención. Es preciso conocer cultural, social y económicamente esos nuevos mercados, las costumbres, las barreras idiomáticas y demás aspectos que nos permitirán dar pasos más seguros y garantizar cierto éxito. Los cambios son necesarios, y a veces llegan de forma cruel para enseñarnos que debemos leer el entorno constantemente y tomar medidas preventivas antes que correctivas.

Actualmente la marca de Hernández posee tiendas en Aruba, Panamá, Venezuela, Costa Rica y Moscú, siendo su principal mercado su país natal, Colombia. Recientemente, manejan la posibilidad de abrir un almacén en Miami, que a diferencia de su primer intento en New York, es una ciudad con una población casi totalmente latina, donde el término marroquinería y el nombre de Mario Hernández, es más pronunciable y más conocido.

Ambas historias son claras demostraciones de la necesidad e importancia de hacer cambios oportunamente. Si bien una idea puede no tener cabida como se pensó originalmente, podría convertirse en la oportunidad para hacer cambios y planificar nuevas estrategias, siempre con miras a permanecer vigentes o para volver con nuevas y mejores ideas, adaptadas o mejor enfocadas.

Razones del fracaso

*"Fracasa seguido,
para que puedas tener éxito pronto"*
Tom Kelley

Por lo general, solemos creer que todo lo que nos pasa, bueno o malo, es obra de un factor externo. Algunos lo llaman Dios; otros, suerte; otros, destino. Lo cierto es que nuestras acciones diarias y nuestro plan de vida, es lo único que va a determinar lo bien o mal que nos vaya en el camino, incluyendo nuestros proyectos de emprendimiento.

En este sentido, el comandante militar estadounidense William H. McRaven, expresa en su libro *Tiende tu cama* lo siguiente:

Es fácil responsabilizar a alguna fuerza externa por lo que te pasa en la vida y dejar de esforzarte porque crees que el destino está en tu contra. Es fácil pensar que el sitio donde creciste, la manera en que te trataron tus padres o la escuela a la que asististe son todo lo que determina tu futuro. Nada podría estar más alejado de la verdad. Las personas comunes y corrientes, así como los hombres y mujeres extraordinarios, se definen por la manera en que lidian con las injusticias de la vida".

La falsa creencia

No es difícil de entender que la situación económica, política y social en cierto momento, en determinado lugar, representa una importante influencia en lo que podamos o no materializar. Por ejemplo, en momentos de elevada inflación o donde las tasas de interés sean reguladas y muy bajas, es difícil conseguir fuentes privadas de financiamiento, lo cual indudablemente representa una piedra en el camino.

Curiosamente, también podríamos decir todo lo contrario. Muchos autores señalan que justo en momentos de crisis y dificultades se dan las mejores y mayores oportunidades. En este punto, no quisiera tener que tomar posición en alguna de las visiones, porque, como en todo, en el emprendimiento no hay una sola realidad ni una sola verdad. Al final del día, hay personas que suelen pensar que las oportunidades están solo en los momentos difíciles, mientras que otras personas piensas que, por el contrario, de los momentos difíciles no hay algo que sacar.

La verdad que existe detrás de estas afirmaciones es el hecho de que una de las principales características de todo emprendedor, es la capacidad de ver oportunidades donde otros no las ven. Muy probablemente habrás escuchado la ya trillada frase que reza: *"En épocas de crisis, mientras unos lloran, otros venden pañuelos"*. Esto evidentemente es cierto, pero no quiero que nos quedemos con la idea de que forzosamente debes obligarte a ver oportunidades cuando la situación no esté bien allá afuera. De ser así, tendríamos una clara y evidente verdad que nos diría que en economías y democracias estables, los números de emprendimientos son bajos; mientras que en economías y democracias inestables pulularían emprendimientos por doquier, y esto no necesariamente es así.

Para demostrar con propiedad lo planteado, veamos algunos datos de emprendimientos en América Latina para año el 2018, según el Índice de Condiciones Sistémicas para el Emprendimiento Dinámico (ICSED-Prodem). Este índice mide: condiciones de la demanda, plataforma de ciencia y tecnologías de la información, el capital humano emprendedor, las condiciones sociales, educación, cultura, financiamiento, políticas y regulaciones, capital social y estructura empresarial. Mientras que Prodem es un programa sobre emprendimiento e innovación que durante una década y media ha realizado actividades de investigación, asistencia técnica y formación de recursos humanos para emprendimientos.

Este estudio define un emprendimiento dinámico como *"un proyecto o nueva empresa que tiene el potencial de sobrevivir a los primeros años de vida y de convertirse en (al menos) una PYME competitiva con proyección de seguir creciendo"*[4].

Así, los números de algunos países de Latinoamérica en esta materia:

- **Chile** (primero en América Latina y 33 en el *ranking* mundial)
- **Argentina** (segundo y 35, respectivamente)
- **México** (tercero y 40, respectivamente)
- **Costa Rica** (cuarto y 41, respectivamente)
- **Colombia** (quinto y 43, respectivamente)
- **Brasil** (séptimo y 45, respectivamente)
- **Venezuela** aparece en la posición 14 de Latinoamérica y 59 en el *ranking* mundial.

Con estos datos sería lógico inferir que, por lo menos, los primeros tres países en esta lista abarcan un importante número de emprendimientos en América Latina, entendiendo que ofrecen buenas condiciones para ello. Sin embargo, según datos del portal de estadística alemán Statista, en 2018, en esta región se invirtieron más de 1,970 millones de dólares en emprendimientos, llevándose Brasil el 56% de tal cantidad, seguido por Chile, Colombia y Argentina. Es decir, Brasil se llevó más de la mitad de la inversión cuando incluso, no ofrece tan buenas

---

[4] https://issuu.com/prodemungs/docs/informe_prodem_2018

condiciones como los tres países que le anteceden en esta clasificación.

Por otra parte, el Índice Global de Emprendimiento (IGE) desarrollado por el Instituto de Emprendimiento y Desarrollo Global (GEDI) determinó que, por ejemplo, Puerto Rico ocupa el lugar 41 en el *ranking* mundial de emprendimientos, superando a Colombia (puesto 47) que según el índice ICSED-Prodem tiene mejores condiciones que fomentarían el emprendimiento.

Como verás, en esta lista aparecen países con características diversas unos de otros, incluyendo la estabilidad de sus economías, sistemas de gobierno, demografía, etcétera, sin que estos tres elementos sean necesariamente un factor determinante en el número de sus emprendimientos anuales.

De todos estos datos podemos concluir que si bien es cierto que existe una relación entre las condiciones para el fomento del emprendimiento, tanto en el ámbito público como privado, y el número de emprendimientos de cada país, considero que aún las estadísticas no son lo suficientemente claras como para señalar que estrictamente sea así.

Recordemos que no debemos confundir emprendimiento con aquellos casos de personas que, por las crisis sociales, políticas y económicas de ciertos países, deciden tomar el camino del autoempleo, el comercio informal u otras actividades por cuenta propia, que sí son demostraciones evidentes de países con pocas oportunidades, pero que no siempre terminan siendo casos de emprendimientos.

Como dato adicional importante, me gustaría mencionar que América Latina tiene un número de emprendimientos significativamente mayor que la Unión Europea, Asia y América del Norte. Según investigaciones del Global Entrepreneurship Monitor (GEM), y con la poca información que se tiene al respecto, entre los años 2000 y 2007, Latinoamérica arrojó que aproximadamente un 18% de su población en edad laboral, estaba involucrada con alguna actividad emprendedora. Lo curioso de esto es que aun así, esta región sigue mostrando números considerablemente bajos en cuanto al desarrollo y crecimiento económico general, en comparación con esas mismas otras regiones.

Se presume que una infraestructura débil en materia de apoyo financiero, logístico e intelectual en materia de emprendimiento, así como los sistemas económicos y políticos inestables de esta parte del mundo, han imposibilitado que este elevado número de emprendimientos, logre la suficiente madurez como para incidir positiva y significativamente en el desarrollo económico de estos países latinos.

La cruda realidad. Problemas de ejecución

Lo cierto es que, en la mayoría de los casos, algunas razones por las que podríamos ver fracasado nuestro emprendimiento, tienen su origen en la ejecución de los procesos, es decir, tanto en cómo los planeamos originalmente como en la forma como los ejecutamos. Un estudio realizado por la BCG (*The Boston Consulting Group*, 2019) demostró que, en países como México, la falta de indicadores en la empresa, la falta de procesos de análisis, una planeación deficiente y los problemas de ejecución, representan entre el 43% y 48% de las causas por las cuales fracasan los emprendimientos en ese país.

Conocer el correcto funcionamiento de procesos como: ventas, producción, operación, control, planificación y gestión en general, es clave para evitar caer en situaciones que puedan hacernos tropezar. El desconocimiento en cada una de estas áreas (bien sea por parte del emprendedor o por parte del responsable de determinada en área) nos hará incurrir en situaciones contraproducentes, que más tarde serán atribuidas a factores externos (situación país, situación económica, política o social, crisis financieras del sector), cuando muy probablemente se deba a fallas internas de nuestro propio sistema.

El especialista en nuevas tecnologías y *marketing*, Guy Kawasaki, sugiere que las organizaciones son exitosas por la buena implementación, no por un buen plan de negocios.

La falta de indicadores (*ergo*, de análisis), será la consecuencia de una mala gestión de procesos y la leña que avive el fuego del desastre.

Lo primero que debemos hacer, entonces, es analizar la realidad de nuestro proyecto o idea de emprendimiento. Bien sea que esté en su etapa inicial o, con más razón, ya en funcionamiento, debemos identificar su situación general. Para esto, podemos aplicar una herramienta a través de la cual identificamos aspectos internos y externos del proyecto o empresa, la matriz o análisis *FODA*.

Esta herramienta, propuesta en la década de los años sesenta por el ingeniero estadounidense Albert S. Humphrey, nació con la finalidad de descubrir por qué fallaban los proyectos o las empresas. En este sentido, se identificaron aspectos internos y externos que incidían directamente en la planificación empresarial, y su consecuente éxito o fracaso.

- **F**ortalezas (características favorables internas).
- **O**portunidades (condiciones favorables externas)
- **D**ebilidades (características desfavorables internas)
- **A**menazas (condiciones desfavorables externas)

Dentro del análisis interno se enmarcan las *fortalezas* y las *debilidades*. Las primeras, corresponden a todas las cualidades que posee el proyecto o empresa y por las cuales se pudiera tener ventaja sobre otros competidores. Estas características hay que mantenerlas y potenciarlas. Las segundas, son aquellos aspectos negativos (problemas internos) que, eventualmente, impedirían el crecimiento o buen funcionamiento del proyecto o empresa. Estos aspectos, una vez identificados, deben eliminarse o por lo menos minimizarse.

En cuanto a los aspectos que incluye la situación externa, encontramos las *oportunidades* y las *amenazas*. En relación con las primeras, es preciso identificar cuáles aspectos del entorno (aspectos positivos) pueden ser aprovechados y de qué manera. En el caso de las segundas, se refiere a los aspectos negativos existentes en el entorno y que pudieran atentar contra nuestro proyecto o empresa. En este caso, hay que hallar la manera de enfrentarlas.

Una vez identificados nuestras fortalezas, oportunidades, debilidades y amenazas, es menester elaborar una estrategia que permita iniciar o continuar (según sea el caso) de acuerdo con las características propias del proyecto o empresa y según la realidad del mercado en la que se encuentre.

Elaborar la estrategia pasa por desarrollar objetivos bien definidos, es decir, saber en qué punto y en qué condiciones debemos estar en determinado momento, además de identificar el cómo.

Existe una técnica denominada *SMART* (inteligente, en inglés) que resulta muy práctica y fácil de usar a la hora de formular los objetivos en cada una de nuestras áreas o procesos (ventas, producción, operación, control, planificación, etc.). A continuación, una breve explicación de las 5 condiciones que debe cumplir cada uno de nuestros objetivos para que resulte eficaz nuestra gestión.

- *S*pecific (Específico). El objetivo debe ser redactado de forma detallada y precisa.
- *M*easurable (Medible). Debe ser factible de ser medido en tiempo, forma o espacio.
- *A*chievable (Alcanzable). El objetivo debe ser realista y según las capacidades de la persona o el equipo responsable.
- *R*esult-oriented (Orientado a resultados). Debe permitir que su logro sume al resultado final esperado.

- *Time-limited* (Con fecha límite de ejecución). El objetivo debe indicar el tiempo en el que deberá ser alcanzado o revisado ese objetivo.

Al inicio de este apartado comentamos sobre la incapacidad que tienen, en algunos casos, los emprendedores y su equipo para identificar el origen de los problemas que pudieran ocasionar el fracaso de un emprendimiento o idea de negocio. El ejercicio de aplicar un análisis *FODA* y, posteriormente, elaborar objetivos bajo la metodología *SMART*, permitirá al equipo ubicarse en uno de dos escenarios: a) anticiparse a ciertas situaciones que podrían presentarse, estar prevenidos y saber en qué momento y medida actuar, o b) hacer una pausa y reencausar el proyecto o empresa tomando las medidas correctivas a las que haya lugar según lo identificado.

Manejo del fracaso

Para entender cómo debemos afrontar el fracaso es preciso, en principio, identificar qué es el fracaso. En su sentido más literal y exacto, el fracaso es el resultado negativo, adverso y/o inesperado, con relación a un evento o situación de la que se esperaba terminara bien o positivamente.

Sin embargo, el fracaso puede significar la oportunidad de corregir y mejorar aquellos aspectos que, precisamente, nos han llevado al fracaso, toda vez que hemos sido capaces de identificarlos.

Fracaso y error no son términos equivalentes. El fracaso debemos entenderlo como un resultado final, total; mientras que el error pudiera tratarse únicamente de algún tropiezo, una mala práctica o una equivocación. Consideraremos pues, que el fracaso de un emprendimiento o idea de negocio, puede ser el resultado de cometer uno o varios errores no corregidos en tiempo y forma.

El fracaso ha estado, está y estará presente a lo largo de nuestra vida. No podemos hablar de éxito sin hablar de fracaso. Hablar de fracaso implica hablar de nuestra etapa escolar; de nuestras experiencias deportivas o *hobbies*; de nuestras relaciones amorosas y, por supuesto, de nuestra vida laboral o de emprendiendo. Entendiendo que los fracasos son situaciones que no podemos controlar ni evitar, es necesario no solo aprender a aceptarlas, sino que se convierte en una obligación moral y psicológica el aprender a sacar el máximo provecho de cada una de ellas.

Hay dos escenarios que se presentan en este punto: un escenario donde las personas son incapaces de tomar decisiones importantes por temor a fracasar, y otro escenario donde las personas, una vez que fracasan, son incapaces de lidiar con eso. Ambas situaciones, en cualquier ámbito de la vida, son perjudiciales. Estamos obligados a no quedarnos paralizados por temor a fallar. Estamos obligados a levantarnos y continuar cada vez que fracasamos (siempre que no se trate de una idea o proyecto inviable, como ya lo vimos párrafos más atrás). Básicamente, por salud mental.

La primera situación es quizás la que más comúnmente justifica el hecho por el que muchas personas no se deciden a emprender, por temor a fracasar, temor a perder. Robert Kiyosaki define magistralmente esta situación, al expresar que "*los ganadores no temen perder. Los perdedores, sí. Tropezar es parte del proceso para alcanzar el éxito. Las personas que evitan fallar también evitan sobresalir*".

En el segundo escenario es precisamente donde queremos colocar la lupa, identificando el por qué debemos ser inteligentes frente al fracaso y cuál podría ser la mejor forma de asimilarlo. El primer paso a considerar es saber ponderar justamente el peso que tiene ese fracaso según la fuente de donde proviene, es decir, si se trata solo de un juicio personal (propio o de un tercero), o si es un hecho concreto que se deriva de no haber sido alcanzada una meta o un objetivo, por ejemplo. Para graficar más claramente esto, citamos la apreciación de Gary Vaynerchuk, en el festival de emprendimiento INCmty2019, llevado a cabo en Monterrey, Nuevo León, México, donde comentó: "*Mucha gente que experimenta una micro pérdida o una mala nota en la prensa llega a creer que su propio producto no era bueno. **El poder separarte de un juicio es importante***".

Si, por el contrario, el fracaso o sensación de fracaso proviene de una meta u objetivo no alcanzado o de un proyecto que no pudo continuar (o peor aún, que ni siquiera inició) es importantísima la lección que nos deja ese fracaso, y es el tomar una de dos decisiones fundamentales. En primera instancia, el fracaso nos hará replantearnos y decidir: *¿Es esto realmente lo* *que quiero?* Si la respuesta es afirmativa, no queda otra opción que evaluar las razones que motivaron ese tropiezo, aprender, corregir y continuar. Si la respuesta es negativa, nos da la oportunidad de ahorrar tiempo y recursos valiosos toda vez que desistimos de continuar con ese emprendimiento o idea de negocio. Es entonces la oportunidad para descubrir si estamos lo suficientemente enamorados, convencidos y dispuestos para continuar o no. En palabras de Guy Kawasaki: *"un fracaso ambicioso, un magnífico fracaso, es una cosa muy buena. El emprendimiento no es para todos".*

Quizás el mayor peso que debemos soportar frente al fracaso es el hecho de que éste nos expone a una sensación de fragilidad, de vulnerabilidad, y esta es una situación difícil de enfrentar. Sin embargo, debemos tener presente que el ser humano ha estado sometido y preparado para el fracaso en toda su historia, sabiendo superar todas y cada una de estas situaciones, y mejor aún, saliendo cada vez más fortalecido, más sabio y más adaptado al entorno y las circunstancias.

Cuando experimentamos eventos de fracaso, nuestro cuerpo y mente responden, naturalmente, sintiendo estrés. A su vez, se activan mecanismos de supervivencia que nos conectan con actitudes y reacciones más primarias (cerebro reptil), dejando a un lado aquellas funciones relacionadas con el pensamiento lógico, el análisis, la creatividad y el aprendizaje (cerebro neocórtex).

Es este estrés el que minimiza la posibilidad de pensar: *¿qué ha sucedido?, ¿por qué ha sucedido? y ¿para qué ha sucedido?* Preguntas necesarias para poder visualizar las oportunidades que tenemos frente al fracaso y, construyendo un pensamiento racional y equilibrado frente a lo sucedido, tomar decisiones asertivas que nos conduzcan a superar esas situaciones.

Mi recomendación para cuando estés frente a una situación de fracaso: procura tomar en cuenta las siguientes premisas.

Evita tomar decisiones apresuradas desde la frustración. Si te es posible, haz una pausa y tómate el tiempo necesario hasta que retomes el equilibrio. Haz alguna actividad que te permita drenar cualquier sentimiento de culpa o molestia.

Formúlate las tres preguntas que mencionamos anteriormente: ¿qué ha sucedido?, ¿por qué ha sucedido? y ¿para qué ha sucedido? Da respuesta a cada una de ellas desde la objetividad y la responsabilidad.

Antes de mirar hacia afuera, mira hacia adentro. Siempre nuestra primera reacción será buscar las responsabilidades afuera, en el entorno o en terceras personas. Evalúa tu nivel de responsabilidad y determina ese peso en el fracaso.

Tómate un tiempo para ti. Una vez tengas el panorama bastante claro sobre lo que ha sucedido, toma tiempo para pensar y replantear. Siempre ayuda desconectarte un poco de la situación y mirar el escenario desde distintos puntos de vista. Todo el tiempo que inviertas en ti, es tiempo que se traduce en ganancia, aunque no sea monetaria.

Aprende, corrige y toma decisiones. Tomar conciencia de lo sucedió es lo que te hará superar definitivamente la situación. Tomar acciones desde el no convencimiento, será *pan para hoy y hambre para mañana*. Toma el control, actúa en consecuencia y conviértete en mejor persona y mejor emprendedor. Hellen Keller nos dijo: *"mantén tu rostro hacia la luz del sol y no verás la sombra"*.

Errores en el emprendimiento

"Lo más difícil es tomar la decisión de actuar, lo demás es pura tenacidad"
Amelia Earhart

Diversos estudios a nivel mundial que evalúan y miden el impacto y trayectoria de los emprendimientos, nos arrojan interesantes cifras. Por ejemplo, el Departamento de Comercio de Estados Unidos indica que, en el caso de ese país, un 40% de los nuevos emprendimientos fracasa el primer año, mientras que un 80% de los nuevos proyectos fracasan antes de los 5 años de su creación. Estudios similares señalan que a los 10 años, solo un 10% de los emprendimientos aún se mantienen.

Las razones son muchas. Enlistar todos los errores que pueden terminar con nuestra idea de negocios o emprendimiento, sería ocupar las próximas 100 páginas hablando de eso. Sin embargo, hemos hecho una modesta recopilación de los 11 errores más comunes que cometemos en esta maravillosa y desafiante aventura. Veamos.

1. Descuidar los aspectos legales del negocio. Como hemos mencionado en repetidas ocasiones, todo emprendimiento que merezca llamarse así, debe, necesariamente, conllevar formalidad y legalidad.

Independientemente del giro de tu proyecto, sea venta de producto o servicio, empieza por registrarlo legalmente. No solo nos referimos a tener su acta constitutiva o de "nacimiento", sino también hacerte parte de todas esas inscripciones y registros en organismos, cámaras, instituciones y demás relacionadas con tu giro.

El descuidar estos aspectos, que en principio no parecieran traducirse directamente en la captación de clientes o generación de dinero, indudablemente pueden terminar por convertirse en un error. El ser "invisible" frente a organismos e institutos que regulan la actividad empresarial en tu zona o ciudad, también te invisibiliza frente a tus posibles clientes.

El contar con documentación legal, certificaciones, licencias y permisos, dará un carácter de seriedad a tu emprendimiento y te hará ganar confianza ante tu equipo de trabajo, clientes, proveedores y asociados. Además, será un requisito indispensable al momento de recurrir a fuentes de financiamiento público y privado.

2. Querer crecer más rápido de lo posible. En alguna entrevista que le hicieran al médico y neurocientífico español Mario Alonso Puig, sobre "el aprendizaje del fracaso"[5], éste comentaba:

"Yo no me imagino a un agricultor poniendo una semilla en la tierra y al día siguiente, frustrado, desesperado, o lleno de ira, porque no ha crecido la planta. El agricultor, en su sabiduría sabe que, aunque no lo vea, hay algo que está ocurriendo bajo la tierra... la semilla está creando esas raíces, está creando esa posibilidad de aflorar con fuerza..."

Continúa diciendo en su entrevista:

"En mis momentos de desesperación, me voy y miro al picapedrero. Un golpe en la piedra, otro, y parece que no sucede nada, y al golpe número 500 la piedra se rompe en dos. Pero yo sé que no ha sido solo ese golpe el que rompió la piedra, sino los 499 anteriores".

El emprendimiento es un proceso de paciencia y de sabiduría. Saber que cada paso que damos y cada pequeña meta alcanzada suma al resultado final, es la más clara demostración de que se está haciendo lo correcto. Tener planes con objetivos definidos en tiempo, es una práctica necesaria para poder medir los avances que estamos teniendo y la situación en la que se está en determinado momento.

3. No saber elegir una ubicación adecuada. Parte del estudio de mercado que

---

[5] https://www.youtube.com/watch?v=Rid5qoyV6Dw

debes hacer antes de decidir arrancar tu idea, es precisamente determinar la ubicación de negocio.

Claro está que, según tu tipo de giro y público, determinarás la localización geográfica. Sin embargo, pensar que por tratarse de algún tipo de servicio, producto o idea novedosa que cualquiera va a buscar donde esté ubicada, es sencillamente otro error. Procura siempre ubicarte en una zona de fácil acceso, donde existan servicios públicos adecuados (teléfono, internet, red de servicios, etc.), ya que aparte de comodidad para ti, tus colaboradores y tus clientes, se traducirá en un significativo ahorro de tiempo y dinero en traslados para todas las partes.

Existen actualmente distintos métodos para conectar con tus clientes y proveedores. El servicio *delivery* o servicio *pick up*, son dos estrategias que cada vez cobran mayor fuerza. En el primero, el servicio consiste en la entrega directamente en tu casa o negocio (según sea el caso, si tú como empresa entregas el producto o si es el proveedor quién te realiza la entrega). En el segundo caso, el servicio consiste en pasar a retirar la mercancía, sin que ello represente una inversión mayor de tiempo y dinero (buscar lugar y pago de estacionamiento, por ejemplo). Al final del día, aun cuando puedas pensar que estos dos mecanismos pueden restarle peso al problema de tu ubicación, considera los costos en los que deberán incurrir tú o el tercero (cliente o proveedor) para poder ofrecerlo.

4. Ser demasiado optimista. No ser realista. Ser en exceso optimista, te puede generar no solo problemas de tipo financiero, sino también frustraciones.

Una de las principales razones del fracaso en los emprendimientos, es precisamente el agotamiento del dinero. Iniciar con un capital demasiado bajo, o no poseer un presupuesto certero con respecto a los gastos durante los primeros meses, contando con tener suficientes ingresos en el corto plazo, es un gravísimo error. La recomendación es sencilla: sé realista, evita estimar grandes ventas y pronostica racionalmente tus gastos y costos.

El problema de la falta de dinero y, por consiguiente, de otros recursos, será el caldo de cultivo para desarrollar frustraciones y sucumbir ante la necesidad: vas a querer abandonarlo todo por sentir que los objetivos (no realistas) no fueron alcanzados.

Además, hay variables ocultas que deberás contemplar para hacer un uso más certero del dinero. Por ejemplo, contratar a personas que quizás no te den los resultados esperados (sobre todo, si son las responsables de las ventas), gestiones de cobranzas fallidas o tardadas, etc.

5. No querer o no saber delegar. No trabajar en equipo. Precisamente en el Capítulo I de este libro, mencionamos el *trabajo en equipo* como una de las condiciones que debe tener todo emprendedor.

Querer controlarlo todo, estar pendiente de todo y sentirte capaz de hacerlo todo en el negocio, terminará por desgastarte física y emocionalmente, causándote algunos problemas no solo en el ámbito empresarial, sino también en el personal. Michael E. Gerber, experto capacitador en habilidades gerenciales, afirma que *"si tienes que estar en tu negocio todo el tiempo, no tienes una empresa, tienes un empleo"*.

Saber conformar un equipo de trabajo capaz, más que una habilidad que te gustaría desarrollar, es una necesidad.

A propósito de esto, el sociólogo, estudioso del Comportamiento Organizacional Daniel Romero Pernalete, recientemente publicó en su blog *Gerenteces*[6], el artículo que a continuación expongo completamente por considerarlo muy acertado.

> *Juntaron sus ahorros y su emoción para crear una pequeña empresa de servicios. José Sagaz y Juan Afanador querían ser sus propios jefes. Sagaz tenía muchos contactos, grandes habilidades para la negociación y una visión panorámica que le permitía ver el bosque más allá de los árboles. Afanador, por otro lado, era un trabajador incansable, de esos que le echan ganas a las ganas. Parecía una buena combinación. Cacumen y empuje apuntando en una misma dirección.*
>
> *Los primeros clientes no tardaron en aparecer. En los primeros tiempos, Sagaz*

---

[6] http://gerenteces.blogspot.com/

se encargaba con mucha eficiencia de buscar nuevos clientes, atender quejas de los actuales, llevar la contabilidad, manejar las cuentas bancarias, atender los rollos de Hacienda y del Seguro Social... ¡y hasta de publicitar la empresa a través de las redes sociales! Afanador, por su parte, reclutaba, seleccionaba, contrataba, adiestraba al personal de calle, controlaba las operaciones, adquiría materiales y equipos, llevaba la nómina, realizaba los cobros y pagaba sueldos.

En la medida en que se fueron sumando clientes (gracias al buen servicio que la empresa prestaba, hay que decirlo), el volumen de trabajo fue creciendo hasta sobrepasar las capacidades de Sagaz y Afanador. Contabilidad y cuentas bancarias empezaron a desordenarse, las multas por impago en Hacienda y el Seguro Social hicieron su debut, los clientes antiguos comenzaron a sentirse desatendidos... Del otro lado, apareció el descontento de los empleados y la rotación externa de personal, los errores de cálculo empezaros a invadir la nómina, la selección apresurada de nuevos prospectos hizo mella en la calidad del servicio, los materiales no llegaban a tiempo. Y cuando Afanador faltaba al trabajo (por motivos de fuerza mayor, porque el tipo hacía honor a su apellido), la empresa quedaba prácticamente paralizada.

Sagaz fue cayendo en cuenta de que además de socio empresario, también era conquistador de clientes, contador, administrador y encargado de atención al cliente. Afanador por su parte, fue percibiendo gradualmente que además de ser jefe de operaciones, era también reclutador-seleccionador-entrenador de personal, auxiliar de nómina, encargado de cobranzas, jefe de compras y muchacho de mandados.

Sagaz y Afanador se podían comparar, cada uno, con un hombre orquesta, de esos que se paran en cualquier esquina a tocar en solitario la guitarra, la armónica, las maracas, los tambores y los platillos, produciendo algo parecido a la música. Por supuesto, las posibilidades de que el hombre orquesta rebase los límites de cualquier esquina son mínimas.

Una tarde de viernes, los socios salieron a almorzar y se tropezaron, por casualidad, ¡con un hombre orquesta! Comentaron entre ellos las ventajas que aquel hombre tendría si pudiera dedicarse a tocar solamente la guitarra (instrumento que ejecutaba con evidente maestría) y contratar a otros ejecutantes, duchos en cada instrumento, para que la música saliera de mejor calidad. Quizás la recompensa que recibirían sería algo más que las pocas monedas que hoy le daban.

Parece que Sagaz y Afanador veían la paja en el ojo ajeno y no la viga en los propios. Porque cada uno, a su manera, era un hombre orquesta. Así se los hizo ver un amigo común. Por qué no contratar a un contador, un asistente, un supervisor, un mensajero y hasta un comunity manager, para que Sagaz y Afanador se dedicaran a lo que eran las principales actividades de la empresa: conseguir clientes y dirigir las operaciones para brindar servicio de alta calidad.

Pero para cada miedo hay una excusa. "Los números no dan", argumentaban los socios... Obviamente, con los resultados actuales iba a ser difícil dar el paso. Pero faltaron los lentes de mirar de lejos. Con ese paso se abría la posibilidad de atender mejor y fidelizar a los clientes actuales, y de conquistar nuevos clientes, abriendo amplios horizontes de crecimiento. La prudencia (o el miedo) ganó este round. Sin esas eventuales (y hasta graduales) incorporaciones, los resultados se veían venir: las demandas de atención iban pronto a superar la capacidad de resistencia de Sagaz y Afanador. Algunos antiguos clientes empezaron a quejarse y a emigrar. Los potenciales nuevos clientes empezaron a mirar para otro lado. En el mejor de los casos, por cada cliente que se ganaba se perdía uno antiguo... Así, se le estaba negando a la empresa la posibilidad de crecer. Se la estaba condenando a ser una empresa Peter Pan. Era como querer vestir a un niño de ocho años con el mismo mameluco que usaba cuando era un bebé. No se podía manejar una empresa en crecimiento con los criterios de cuando estaba recién nacida.

El hombre orquesta es el padre. La empresa Peter Pan es su hija. La miopía organizacional frustra el crecimiento de la hija y del padre. ¿Antídoto para el emprendedor? Desarrollar la capacidad de ver más allá de lo que le está pasando.

Siempre quise hacerlo todo, hasta que un día descubrí que hay muchas más personas, haciendo muchas más cosas, mucho mejor que yo... y delegué.

6. Contrataciones indiscriminadas. Invertir demasiados recursos. En este apartado quisiera no solo referirme a las contrataciones exageradas de personal, sino también a la contratación de servicios no indispensables para el inicio del emprendimiento.

Hay una línea muy delgada que separa el trabajar con los recursos limitados pero necesarios, y trabajar con carencias y deficiencias. De ninguna manera pretendo que desarrolles tu idea bajo el segundo supuesto. No obstante, existen algunas inversiones que se podrán ir materializando en función del crecimiento y la estabilidad económica que vaya arrojando nuestro emprendimiento.

Hacernos de un local muy grande, invertir en vehículos para traslados, contar con equipos que tengan capacidades superiores a las requeridas, son inversiones que pueden manejarse inteligentemente para no poner en riesgo nuestro capital o flujo de caja.

Algunas ideas que pueden ser de utilidad en este sentido, son:

- Alquila o renta (no compres) un local con espacio estrictamente necesario para el equipo de trabajo y demás recursos.
- Estudia opciones como el *coworking* o espacios de trabajo compartidos, donde los gastos fijos corren a cargo de varios arrendatarios.
- En lugar de someterte a créditos de vehículos por lapsos de entre 48 y 60 meses, y que te piden una inversión inicial de entre un 20% y 30% del valor del auto, valora opciones como el *leasing*, que te permite replantear las condiciones del contrato y del servicio mes con mes, e incluso te da la posibilidad de adquirir el auto a futuro.
- También existen opciones en el mercado de renta de vehículos de carga y utilitarios, que podrás alquilar por horas, días, semanas o meses.
- Para los procesos de contratación de tu equipo de trabajo, podrías apoyarte en *headhunters* calificados en el área de tu interés.

Esta práctica reduce los tiempos, eficientiza la búsqueda y te permite hacer pagos únicos por uno o varios procesos, evitando costear los gastos que ameritaría tener a una persona dedicada a eso exclusivamente.
- Si trabajas con productos y mercancías de constante rotación, una opción es trabajar, en principio, con ventas sobre pedido, para evitar gastos de almacenamiento y custodia.
- Controla y haz uso eficiente de los consumibles, equipos y demás activos, a fin de sacar máximo provecho de su vida útil.
- Haz mantenimiento preventivo al equipo especializado, si fuera el caso.

Estas y otras ideas, propias de tu giro, te ayudarán a hacer inversiones inteligentes y conforme a los recursos monetarios disponibles, sin poner en riesgo la calidad de tu trabajo ni tu dinero.

7. Creer que el producto se venderá solo. En algunas ocasiones llegamos a cometer este error, como consecuencia de esa ilusión que muchas veces nos formamos cuando decidimos crear un producto o servicio novedoso. Solemos pensar que solo con tener una página *web* y valernos del correo masivo, nuestra información correrá como pólvora y el teléfono no parará de sonar. Falso.

Una de las inversiones en las que precisamente no podemos ser mezquinos, es en la publicidad. Sea cual sea el modelo de mercadotecnia que hallemos adecuado para nuestro producto o servicio, debemos dedicar importantes esfuerzos por hacer notar la marca y sus bondades. Estas estrategias están orientadas no solo a poner el producto en el mercado con posibilidades de éxito, sino también para que éste se mantenga vigente en la memoria del consumidor o usuario. Definitivamente, el producto no se venderá solo, y sabiendo que es la fuente de nuestros ingresos, no podemos escatimar esfuerzos para hacerlo notar, ni destinar demasiado tiempo, dinero y otros recursos en áreas administrativas que no se traducirán en mayores ventas. La responsabilidad de determinar correctamente las estrategias de comercialización y ventas, pasa necesariamente por definir claramente el *target* de nuestro producto o servicio, vale decir, ese público al que está dirigido. No es, entonces, saber cómo vender, sino saber cómo venderle a ese público que queremos conquistar.

8. No estar abierto al cambio. Permanecer en el error. La historia está llena de grandes personajes y empresas que no supieron (o no quisieron) ver y aceptar el error, y las consecuencias de no asumir los cambios en el momento oportuno, terminaron por dejar su huella.

Por poner solo un ejemplo, mencionaremos el caso del mundialmente conocido Blockbuster y su incapacidad de no anticiparse a los cambios.

Fundado en 1985 en Dallas, Texas, Estados Unidos de América, nació como una franquicia de alquiler de cine doméstico. Fue tan exitoso el modelo, que para 1987 ya contaba con 15 tiendas propias y 20 franquiciadas, para 1989 ya eran 1,000 las tiendas en todo Estados Unidos y para 1990 iniciaba la expansión a Europa y América Latina.

Luego de algunos años de fusiones y ventas, en 1997 la Junta Directiva designa como consejero delegado a John Antioco, quien por varios años condujo de forma exitosa la marca y logró controlar el 25% del mercado mundial en ese giro.

En el año 2000, le presentan a Antioco la posibilidad de comprar una reciente fundada empresa dedicada al alquiler de películas a domicilio, llamada Netflix, por poco más de 50 millones de dólares. Sin embargo, éste descartó la compra por considerar que la gente prefería ir hasta las tiendas a alquilar las películas. Nadie se imaginó lo que este error les costaría.

Para el año 2004 Netflix lograba más de 1 millón de suscriptores; y para el 2007 John Antioco se retiraba de Blockbuster luego de haber intentado algunas estrategias para competir con Netflix, sin lograr mayores resultados.

En el año 2010 Blockbuster se declara en bancarrota, cerrando cientos de tiendas a nivel mundial. En 2018 Netflix generó más de 7 mil millones de dólares y actualmente provee servicios en más de 185 países. Y tú, ¿qué piensas del error de Antioco? Como diría Bill Gates: *"La clave del éxito en los negocios es detectar hacia dónde va el mundo y llegar ahí primero".*

9. Escoger mal a los compañeros de viaje (equipo de trabajo). Como en cualquier idea de negocio o proyecto que se materialice, es preciso rodearse de personas que quieran y puedan acompañarnos en el viaje de emprender. Sea un equipo de dos personas, o de

100, la elección de estos compañeros debe ser lo más acertada posible.

Más allá de las consideraciones técnicas propias de un proceso de recursos humanos, como reclutamiento, selección, inducción, planificación de carrera, compensaciones, etc., se trata de saber transmitir tu entusiasmo y generar confianza en las personas que conformarán tu equipo de trabajo.

Tener un plan de negocios detallado y preciso, donde se identifiquen las tareas a desarrollar, las responsabilidades de cada quien y las aptitudes con las que se tiene que contar, es el primer paso para empezar a conformar nuestro equipo. Andy Freire, en *50 claves para emprendedores* (2020), señala:

> Un error muy habitual cuando se pone en marcha un proyecto, consiste en querer completar las casillas del organigrama lo antes posible, en lugar de enfocarse en crear el gran equipo que forjará el éxito del negocio a mediano y largo plazo. Esto explica por qué, como primer paso, muchos emprendedores invitan a sumarse a familiares o amigos siguiendo la línea del menor esfuerzo para "llenar las vacantes".

En este sentido, es vital el involucramiento del emprendedor no solo en el proceso de selección e inducción, sino también en el hecho de mantener vivo el entusiasmo y la pasión por el proyecto. El emprendedor, más que un jefe, debe ser un líder que sepa potenciar las habilidades y conocimientos de su equipo y gestione eficientemente los recursos puestos a la disposición de éstos y las tareas asignadas.

El empresario y escritor Robert Kiyosaki, en el prólogo del libro *El ABC para crear un equipo de negocios exitoso*, de Blair Singer (2004) plantea:

> *"La habilidad de liderar y manejar gente es vital para los negocios, y precisamente una de las razones por las que muchas empresas pequeñas no crecen o simplemente fracasan.* Asimismo, señala que una de las lecciones aprendidas de su padre rico es que *"hacer que la gente trabaje como un equipo y haga lo que necesitas que hagan es lo más difícil para quien tienen una empresa. El negocio es fácil, manejar gente es difícil".*

10. *No preguntar al cliente adecuado.* El exitoso emprendedor y empresario estadounidense, Henry Ford, expresó: *"si hubiera preguntado a mis clientes qué es lo que necesitaban, me hubieran dicho que un caballo más rápido".*

No hablaremos en este punto sobre la calidad de tu producto o servicio porque ya se ha tocado en otros apartados, y porque no es el tema principal en este décimo error que he enlistado. Destaquemos la importancia de saber *a quién preguntar qué necesita en qué momento*, para que esta omisión no termine por convertirse en un craso error.

Recordemos, por ejemplo, el caso de David Novak cuando estuvo al frente de la Vicepresidencia Ejecutiva de *Marketing* y Ventas de Pepsi.

Luego de una importante y exitosa trayectoria impulsando otras marcas, a Novak se le encargó dirigir una nueva campaña de Pepsi. Para ese entonces, la marca había recurrido al patrocinio por parte de grandes artistas, como Michael Jackson, Madonna y M.C. Hammer. Sin embargo, David sabía que debía ir más allá y apostarle a una nueva presentación de sus productos (nuevo envase, por ejemplo) o incluso en un nuevo producto en sí.

Las ventas de Pepsi habían bajado, en virtud del surgimiento de otras bebidas alternativas por las que el público estaba optando (Clearly Canadian y agua embotellada, eran algunas de ellas). Fue así como surgió la idea de un nuevo producto para la marca: la Pepsi transparente, Pepsi Crystal.

Con el tiempo en contra porque el lanzamiento quiso hacerse para el *Super Bowl* de ese año, se hicieron los estudios y encuestas propios de un nuevo lanzamiento: los grupos de muestra, el público en general y hasta los noticieros adoraron la idea.

Sin embargo, en su apresurado camino, olvidaron consultar la idea con los embotelladores licenciatarios. Estos, al conocer el producto fueron claros: *"la idea es genial, pero su sabor no se parece al de Pepsi, y la has llamado Pepsi, Pepsi Crystal".*

El plan siguió en marcha y el producto fue finalmente lanzado. Los embotelladores, consientes del poco éxito que tendría el producto, decidieron venderlo a precio premium. Efectivamente el producto duró poco tiempo en el mercado.

En alguna entrevista que le hicieran a Novak en Forbes Podcast, comentó:

"No quise escucharlo. Iba a lanzarla a nivel nacional y no los escuché... Aprendí que hay que reconocer que cuando las personas te plantean problemas, podrían tener razón. El próximo paso es hacer el esfuerzo de buscar evidencia que pruebe o refute estos problemas y tomar una decisión en consecuencia. Luego, el paso final más importante es explicar por qué se tomó esa decisión"[7]

Cuando hablamos de consultar al cliente correcto, nos referimos tanto al cliente final (externo) como al cliente intermedio, ese que forma parte de nuestra cadena de producción o comercialización, nuestro equipo de trabajo. En muchos casos, son ellos quienes mejor conocen el producto o servicio y por ello están en toda la capacidad de saber la posible aceptación de un nuevo cambio.

En gran medida, el éxito que tenga tu idea de negocio estará determinado por tus clientes. Sea mucho o poco lo que en términos de dinero genere tu idea, sea fijo o variable, que tu producto o servicio sea necesario o que tengas que salir a convencer, es el cliente quien, literalmente, te dará de comer. Difícilmente podemos pensar en un negocio o idea que no dependa de los clientes para mantenerse.

---

[7] https://espanol.lubrizol.com/Coatings/Blog/2019/07/Test-Marketing

De allí la importancia de saber qué está pidiendo el mercado y, sobre todo, cuán enlazado esta tu idea con esa necesidad insatisfecha, si pudiéramos llamarlo así. Saber preguntarle al cliente adecuado te permitirá desarrollar mejor tu idea, saber el tamaño de tus potenciales clientes y, eventualmente, conocer su comportamiento e ir reinventándote si así fuere el caso.

11. Emprender desde casa. Como es bien sabido, las recientes generaciones (*millennials y centennialls*) apuestan por el *home office* o *home based businesses*, y eso no está mal.

Pudiéramos destacar los beneficios de trabajar o emprender desde casa, tales como: menor estrés al no lidiar con situaciones externas propias de la calle, ahorro del tiempo invertido para traslado casa-oficina-casa, menores gastos fijos, etc. Sin embargo, es preciso señalar que este tipo de práctica requiere de un alto nivel de autodisciplina para poder resultar exitoso.

Diversos estudios han demostrado que, el trabajo desde casa, en muchas ocasiones termina siendo una de las razones por las cuales un emprendimiento fracasa. En algunas ocasiones, el solo hecho de trasladarnos a otro espacio, quizás con mejores condiciones y donde podamos tener retroalimentación con otras personas, es una manera más eficaz de trabajar en nuestro proyecto. El *home office* o *home based businesses* en definitiva, no es para todo público, ya que requiere un alto nivel de automotivación, disciplina y compromiso.

¡Busco socio para buena idea!

"El secreto para contratar a los mejores es: busca a personas que quieran cambiar al mundo"
Marc Benioff

La escogencia de un socio o compañero de negocios, es una de las primeras decisiones que tomamos al momento de emprender. Comúnmente se convierte en uno de los primeros y más costosos errores.

"Dos socios son mejor que uno, y tres o cuatro son peor que dos". Así reza una frase muy común en el mundo de los negocios.

Sin embargo, la razón por la que explícitamente no la incorporamos en el listado que antecede, es porque no necesariamente esta *"mala"* escogencia termina por convertirse en un error. Además, quisiéramos aclarar que en este punto no solo nos referimos a los socios con quien compartiremos acciones, sino también al grupo de personas que, directa o indirectamente, formarán parte del proyecto en sus inicios.

Diversos autores, empresarios, emprendedores y conocedores del tema, coinciden en ciertas características que deben tener los socios. Lo primero y más evidente es que deben compartir el mismo sueño (que incluso pudiéramos llamar, *ambición*) y también, deben compartir al cien por ciento la idea del negocio y el alcance que desean tener a corto, mediano y largo plazo.

Me permitiré en este punto, hablar nuevamente de Larry Page. Cuando en el verano de 1995 Page conoció a Sergey Brin, la impresión que cada uno de ellos se llevó del otro, no fue la mejor. De hecho, en ese primer encuentro (que consistió en una visita guiada al *campus* de la Universidad de Stanford, donde Page era guía y Brin alumno de nuevo ingreso) terminaron involucrándose en una acalorada discusión. Ambos tildaron al otro de tener una actitud "desagradable".

Un par de años más tarde, Sergey Brin aparecía como coautor de la tesis doctoral de Larry Page, y finalmente, se unieron en sociedad para la fundación de una de las empresas más adineradas y famosas del mundo: Google.

Pudiéramos decir que el ego de ambos los hizo chocar en un primer momento, pero más tarde cada uno de ellos reconoció el talento del otro y decidieron probar suerte juntos, convencidos de una misma visión del éxito.

Esta búsqueda común del éxito debe estar compartida por personas con diferentes caracteres, pensamiento y personalidad. Antonio Fontanini, director de la Confederación Española de Organizaciones Empresariales, nos dice que *"no invierte en proyectos de una sola persona, y huye de aquellos equipos de personas iguales"*.

Por su parte, Alberto Benbunan, de Mobile Dreams Company, destaca la importancia de que los socios se equilibren **psicológicamente:** *"si uno es pesimista, el otro deberá ser optimista, si uno es más creativo, el otro deberá ser más racional"*. De esta forma, la visión del emprendimiento se verá complementada y más nutrida por las diferentes visiones de cada uno de los socios.

Deberás comprender y estar consciente que aun cuando hayas procurado ser lo más cauteloso posible escogiendo tu socio, es posible que a lo largo del camino surjan algunas diferencias que, de no saberlas manejar, pudieran convertirse en grandes dolores de cabeza. A continuación, te menciono algunas de estas "desagradables" situaciones:

Tu socio empezó cargado de entusiasmo, pero por alguna razón conocida o desconocida, ya no le invierte pasión al proyecto. Sucede con más frecuencia de la que quisiéramos. A veces, sentir frustración por situaciones que no se pueden manejar; creer que el proyecto no marcha como quisiéramos en tiempo y forma; razones personales o laborales; en fin, un conjunto de posibles motivos, podrían hacer sucumbir a alguno de los socios y, por ende, hacer que su ánimo se vea disminuido. Considera como punto importante escoger personas con alto grado de resiliencia o que tengan algún tipo de experiencia en emprendimientos anteriores, eso garantizará menos posibilidades de sensación de fracaso.

Tu socio quiere involucrar a otra persona en el proyecto. En ocasiones, algunos socios se afanan por involucrar a otra persona (normalmente de su confianza y/o interés) con la intención de "garantizar" una mayor cuota de poder en la toma de decisiones importantes. Valora racionalmente las ventajas y desventajas que pudiera representar esa nueva participación y establece claramente las condiciones.

Tu socio quiere echar mano del dinero u otros recursos, sin respetar los acuerdos iniciales con relación a los sueldos, reparto de utilidades y demás beneficios. Algunos socios querrán disponer de ciertos recursos del proyecto con la justificación de que tienen derechos sobre ellos, al igual que todos los otros involucrados. Sin embargo, no debe permitirse que el manejo de esos recursos se haga de forma desordenada e indiscriminada. Deben definirse las condiciones en las que cada uno de los socios tendrá acceso a esos recursos según su nivel de participación, así como el momento y la forma en el que lo podrán disponer.

Tu socio quiere ser tu propia competencia. Si llegaran a aparecer algunas diferencias en el camino, probablemente alguno de los socios se vea tentado a independizarse. Conociendo ya el negocio desde adentro, teniendo contactos con clientes, proveedores, empleados e instituciones de crédito, la tentación de establecerse como un nuevo emprendedor, solo o con otras personas, será una constante. Procura establecer mediante acuerdos o contrato, le imposibilidad de esto ocurra en un determinado tiempo o en una determinada zona.

Tu socio quiere abandonar el proyecto. Indistintamente de las razones que esgrima, si es así, acéptalo. Mantener a una persona (y más, a un socio) en un proyecto al que no quiere dedicarle tiempo, dinero y esfuerzo, no tiene ningún sentido y bien valdría la pena finalizar la relación. Lo primordial en este punto, es dejar en claro las condiciones en las que deberá abandonar el proyecto: reparto accionario, venta de acciones, beneficios a largo plazo, condiciones post retiro, etc.

Al final del día, no se trata de que te sientas responsable por escoger un socio que no resultó como se esperaba. Entiende que, como en todas las personas, existen situaciones particulares e íntimas, intereses, planes de vida, etc., que en algún momento se pueden alejar de nuestra visión inicial. No te aflijas, resuelve estos conflictos de la manera más profesional, legal y justa posible, y prosigue con el proyecto si es tu firme decisión.

Para finalizar, considero oportuno citar a Louis Barajas en su libro *Microempresa, Megavida* (2007), quien al respecto a la escogencia de los socios, nos dice:

> *"Algunas veces, por temor a hacerlo solo o por falta de dinero, los dueños de las pequeñas empresas contratan socios innecesarios. Tener socios a veces es más difícil que un matrimonio, y separarse de ellos puede ser peor que un divorcio. El mayor problema con los socios es determinar si comparten tu visión del negocio o si tienen su propia visión. La mayoría de los negocios requieren que solo haya una persona visionaria; de otra forma terminarás como un auto que tiene dos choferes, sin ir a ningún lado y con muchas peleas para ver quién es el que maneja".*

CAPÍTULO III

Algunas verdades y mentiras.
Lee bien.

Mitos sobre el emprendimiento

Los mitos hacen referencia a aquellas situaciones imaginadas que deforman o alteran la realidad respecto a una persona o situación. En el emprendimiento y los negocios, se han creado una importante cantidad de mitos que pretendo reunir en esta colección. Algunos más conocidos que otros, unos pocos realmente impensables, pero mitos al fin. Pretendo, entonces, refutar cada una de estas frases carentes de validez.

"Emprender es inventar, y ya todo está inventado". El emprendimiento no es sinónimo de "invento". Una simple idea renovada o un toque de creatividad puesto en un producto o servicio que ya existe, puede ser suficiente. No te esfuerces en crear "algo" totalmente nuevo, puedes simplemente trabajar sobre la base de algo que ya existe, mejorándolo u aportándole mayor beneficio, por ejemplo.

Pensemos por un momento en el caso de las más actuales y conocidas redes sociales.

Facebook nace en el año 2004 como un proyecto universitario en Harvard, que posteriormente se extendió a otras universidades. Su intención inicial era la de compartir fotos y establecer contacto entre personas y grupos de personas, en una misma universidad y/o con otras universidades locales. Hasta acá pudiéramos hablar de un gran invento, ya que hasta ese momento solo existían plataformas de mensajería digital como *Hi5, MySpace, Metroflog, Badoo, MSN Messenger*, entre otras. Sin embargo, ninguna de estas llegó a ser tan popular masivamente como *Facebook*, que permitía ver fotos y mensajes de la gente, darles like, subir uno mismo su contenido y, en general, compartir con toda una comunidad de forma muy interactiva.

Para el año 2006, nace *Twitter*. Definido por algunos como el SMS (Servicio de Mensajes Simples), una red social que permite la interacción entre personas a través de la publicación de mensajes cortos, normalmente noticias, datos e información importante. *WhatsApp* nace en el año 2009, un sistema a través del cual se envían y reciben mensajes, imágenes, documentos, ubicaciones, contactos, vídeos y grabaciones de audio; permite realizar llamadas y videollamadas, entre otras tantas funciones. Para el año 2010 nos llega *Instagram*, red social muy popular y cuya función principal es la de compartir experiencias a través de fotografías y videos.

Cada una de ellas, con ciertas diferencias entre sí, pero todas partiendo de la base de la comunicación inmediata, masiva y comunitaria. Bien sea compartiendo experiencias, información importante, noticias, eventos, datos, entretenimiento, etc., a través de fotos, videos, comentarios, *likes*, entre otros. Se trató, pues, no solo de crear, sino simplemente de innovar, mejorar o escalar ideas ya existentes, que nos permitan llegar a más personas y ofrecer la posibilidad de intercambiar distintos tipos de contenido y en diversos formatos, para todos los géneros y edades, nacionalidades, sin distingo de profesión u ocupación.

En palabras del empresario argentino Fernando Orís de Roa: *"deja de buscar ideas "geniales" y busca ideas viejas, simples, para hacerlas mejor que nadie"*.

Precisamente esta premisa fue la que llevó a Arthur Blank al éxito de su mundialmente conocido negocio. Cuando él y su colega Bernie Marcus fueron despedidos de Handy Dan Home Improvement Center, no dudaron en tomar la decisión que parecía más lógica. Con su experiencia en el negocio de la venta de refacciones, materiales y herramientas para reparaciones en el hogar, decidieron emprender en ese mismo giro.

Así nació Home Depot. Una cadena de tiendas que ofrecía exactamente lo mismo que su anterior empleador, pero mejor. El mismo concepto, los mismos proveedores, la misma mercancía, solo que incluyeron un nuevo factor que terminó por convertirse en su marca distintiva: la atención al cliente por parte de sus socios (así llamaron a sus empleados)

La habilidad y determinación por crear una tienda donde los clientes consiguieran más que una pieza, asesoría especializada, fue la clave para lograr un crecimiento sostenido y un modelo de negocios difícil de copiar. Cuando se logra que los valores (en este caso, la atención al cliente) formen parte de la cultura organizacional, difícilmente tu competencia podrá representar una amenaza para ti.

"Para emprender se necesita mucho dinero". Falso. Recuerda que uno de los errores más frecuentes en el emprendimiento es pretender empezar a lo grande, abarcándolo todo. Empieza según tus recursos y capacidades, pon a prueba tu producto o servicio y según cómo vaya avanzando podrás inyectarle más dinero. Calcula tu riesgo.

Una consideración que debes tener en cuenta en este punto, es que si tienes un plan de negocios podrás determinar la cantidad de dinero y otros recursos de los que deberás disponer. En este sentido, estimarás en qué momento puedes dar marcha a tu proyecto según tu capacidad económica (ahorros, disponibilidad futura, etc.) o si, por el contrario, deberás recurrir a financiamiento externo.

Por suerte, existen varias opciones de las que podrás echar mano para hacerte del capital necesario. En nuestro último capítulo definiremos algunos términos que señalamos a continuación, y que son extraordinarias fuentes de financiamiento:

- *Crowdfunding.*
- *Crowdlending.*
- *Family, friends and fools.*
- *Incubadoras.*
- *Business angel.*

"Debo renunciar para tener tiempo y poder emprender". Me queda claro que en algunas culturas, lamentablemente, las jornadas laborales pueden llegar a ser largas y extenuantes. En circunstancias normales, deberías trabajar 8 horas al día (o menos), y dedicar otras 8 horas más al descanso. Existe un margen de 8 horas adicionales que, con un poco de organización y voluntad, podrás ocupar para asuntos personales, familiares y darle forma a tu proyecto. Dar algunos pasos.

Hacer algunos contactos, esquematizar tu plan de negocios, trabajar en publicidad para redes sociales, enviar correos, etcétera, son algunas de las cosas que puedes hacer a la par de tu trabajo.

Lo que planteo, es que no te dejes convencer por la idea de que una situación limita a la otra. Es decir: como tienes un empleo, no puedes hacer algo por tu emprendimiento, y para hacer algo por tu emprendimiento, debes dejar el empleo... *¡y lo necesitas!* Al final del día, es el cuento del perro que se muerde la cola. Te sumerges en un espiral que no te deja salir del círculo engañoso, donde quieres hacer algo por pasión, pero la seguridad de una situación que te desagrada, no te lo permite.

Organízate, y verás como con un poco de sacrificio, eres capaz de dar algunos primeros pasos antes de tomar la decisión de renunciar y dedicarte enteramente al proyecto. De esta manera, podrás reducir el impacto económico de la pérdida del trabajo y habrás ganado un tiempo valioso en la consecución de tus objetivos.

"Ahora que te despidieron, ¿por qué no aprovechas y emprendes?" Acá las explicaciones sobran, y podríamos echar por tierra esta afirmación señalando lo siguiente: *no emprendas porque te botaron de un trabajo, despídete de un trabajo porque decidiste emprender.*

Entiendo perfectamente el riesgo que corremos cuando decidimos dar el paso de lo seguro a lo incierto. Sé que es fácil decir: *¡abandónalo todo y lánzate al vacío, y en la caída ve como planeas!* Por cierto, hay una imagen que insinúa que el emprendimiento es justamente eso. No lo comparto.

Entiendo también que muchas grandes ideas de negocios, han surgido precisamente en medio de circunstancias agobiantes. El quedarnos sin empleo, el estar absorbidos por deudas y necesitar generar dinero extra, son situaciones que pueden darnos el empujón que necesitamos para descubrir el verdadero potencial que tenemos, y así alcanzar cosas realmente sorprendentes.

No obstante, debo resaltar que en muchas ocasiones, por no experimentar esas situaciones agobiantes, se nos pasa la vida sin poder descubrir el diamante que había detrás de ese carbón, como bien lo dice Juan Diego Gómez. Si no llega ese despido, si no llega ese momento de estrechez económica, si no llega esa extrema necesidad, somos incapaces de ver lo que pudimos ser. Es perder el tiempo, perder una gran oportunidad, perder la vida. Sin embargo, no tienes que esperar que se presente esa crítica situación para decidirte a iniciar tu emprendimiento.

"Para emprender hay que correr con mucha suerte". Falso. Todo se trata de ver las oportunidades, en el lugar indicado y el momento correcto. Saber leer el mercado y planificar inteligentemente, es un ejercicio de sabiduría que nada tiene que ver con la suerte.

Muchos emprendimientos nacientes y aún poco estables, se ven sometidos a duras pruebas. Crisis ajenas al emprendedor y al negocio pueden terminar afectando severamente el funcionamiento y poner en riesgo su futuro. Es precisamente acá donde el emprendedor y su equipo deben aprovechar y maximizar la bonanza de las épocas buenas, y esforzarse por aminorar los impactos en las épocas malas.

No se trata de tener suerte para iniciar un negocio, no se trata de tener suerte para poder sobrevivir a una crisis, se trata, en todo momento, de trabajar bajo una precisa pero flexible planificación, incluso desde la idea en el papel.

Acerca de la suerte, el publicista estadounidense Michel Levine, opina que *"los triunfadores tienen mucha suerte. Si no lo crees, pregúntale a un fracasado"*. O, dicho de otra manera, y en palabras de Henry Ford: *"Es extraño, ¡cuanto más me esfuerzo, más suerte tengo!"*

"La situación del país no me permite crear un negocio". Las crisis económicas, políticas y sociales ciertamente afectan el desarrollo de un negocio. No obstante, tal y como ya se dijo, es la falta de planificación, gestión y organización, lo que nos impide hacerle frente a esas crisis. Digamos que las crisis solo cambian las reglas del juego, y ante esto, ¿te reacomodas o abandonas el juego?

Hay una frase de Guy Kawasaki que aplica muy bien en este caso, bastante atrevida, por cierto: *"Si eres un emprendedor y crees que el presidente marca una diferencia en tu negocio, deberías mantenerte en tu trabajo actual"*.

Para nada quiero hacerte creer que no existe relación entre la situación local, regional o nacional, con el éxito de un proyecto que nace o que sobrevive en medio de tal o cual ambiente, no. Recuerda que vengo de un país con más de 20 años en crisis, y donde he sido testigo del colapso empresarial. Sin embargo, puedo dar fe de cómo muchos emprendedores han logrado sacar provecho de esa situación. El secreto: ser resiliente y reinventarse.

Obviamente en situaciones totalmente adversas, deberás redoblar esfuerzos al momento de plantear tu idea de negocios. Si de por sí el camino puede ser espinoso, imaginemos el desafío que afrontaremos en esas condiciones.

Quisiera comentar en este punto, un par de ideas que pudieran resultar exitosas en momentos de crisis.

Primero. Seguramente habrá sectores particularmente deprimidos o afectados, y donde la demanda de productos y servicios se verá seriamente mermada. Una demanda que en circunstancias normales era cubierta por 5 o 7 competidores, puede verse abastecida por 2 o 3 en la nueva realidad. Procura ser uno de esos pocos que permanecen vigentes, es una estrategia que resultará en el monopolio de esa actividad o en la fidelización de tus clientes, toda vez que has sido capaz de seguir ofreciéndoles una solución a través de tus productos o servicios.

Segundo. El replanteo de tus condiciones también puede agregar valor a tu marca. Por ejemplo: ofreciendo márgenes de crédito mientras otros venden solo de contado, ofrecer entrega puerta a puerta mientras otros no lo hacen, diseñar programas de descuento por pronto pago, etcétera.

Así que, las crisis no tienen que ser sinónimo de parar o cerrar. Valora nuevos caminos para sacar provecho de ellas. En palabras del teólogo y matemático inglés William George Ward: *"El pesimista se queja del viento, el optimista espera que cambie, el realista ajusta las velas"*.

"No le cuentes tu idea a nadie, te la van a copiar o le traerá mala suerte a tu proyecto". Mito cruel y absurdo. El comentar sobre tu idea o proyecto de negocios puede convertirse en la oportunidad de alimentarlo con diversas y nuevas opiniones. Ver algunos aspectos desde otras perspectivas, puede traducirse en una idea de negocio o proyecto mucho más amplio, nutrido, completo. Comentarlo con personas que puedan sumar es una buena idea.

Sin embargo, y pecando de pesimistas, debemos ser conscientes de que existe una posibilidad (quizás mínima) de que personas inescrupulosas se aprovechen de tu idea para materializarla mucho antes que tú, quizás valiéndose de alguna ventaja que puedan tener por encima de tu condición. Esta posibilidad no debe privarte de la oportunidad de encontrar otras ideas que enriquezcan tu proyecto.

"Necesitas experiencia para poder emprender". No necesariamente. Ciertamente es preciso tener algunos conocimientos y habilidades asociadas con el área a la que está dirigido tu proyecto, y también en cuanto al emprendimiento como actividad. No obstante, la experiencia (como emprendedor y empresario) la irás desarrollando y perfeccionando a lo largo del trayecto.

Algunos autores, incluso, sugieren emplearse en empresas del giro para conocer, desde adentro, el funcionamiento del negocio. Conocer clientes, proveedores, técnicas de mercadeo, características del producto o servicio, indudablemente te colocarán en una posición de ventaja y te permitirá conocer algunos errores que podrás evitar.

Es difícil determinar cuánta experiencia y cuántos conocimientos debes poseer antes de dar el paso. Decirte que debes estar 2 años trabajando en el giro, que debes leerte 5 libros de emprendimiento o hacer tantos cursos, sería injusto e irreal. Confío en que serás capaz de determinar cuándo es el momento oportuno para dedicarte por completo a tu idea de negocio y, sobre todo, que serás lo suficientemente responsable para seguir aprendiendo día a día.

"Eres (o soy) mal vendedor". Para ser emprendedor, se necesita ser un buen vendedor. Para ser contratado en algún empleo, se necesita ser un buen vendedor. Para conseguir amigos confiables, se necesita ser un buen vendedor.

Debo suponer que cuando las personas se refieren a otra como un mal vendedor, basan su opinión en la poca capacidad de persuasión que tiene esa persona para lograr la venta de un producto o servicio. Si eres una persona que durante su vida ha acumulado un buen número de amigos y conocidos, o de relaciones personales, o de empleos, etcétera, evidentemente eres una persona con ciertas competencias personales que te facilitarían un proceso de venta comercial, por así decirlo.

Si, por el contrario, eres una persona de pocos amigos, con escasas relaciones interpersonales o con pocos logros laborales, puedo presumir que no has sabido explotar tus virtudes, no has sabido venderte y, difícilmente, el emprendimiento será una alternativa para ti.

Voy a referirme expresamente al vendedor comercial. Si hasta este punto te has identificado como un emprendedor en potencia, pero con algunas dificultades en el difícil pero encantador arte de las ventas, permíteme decirte que nada está perdido. Existe todo un universo de técnicas que podrás aprender para convertirte en un verdadero as de las ventas. Estrategias de lenguaje corporal, elaboración de discursos convincentes, uso de palabras claves, programación neurolingüística y muchas estrategias más, están a tu entera disposición para desarrollar y perfeccionar un efectivo método de ventas.

Como competencias personales, es importante que potencies tu gusto por ayudar a los demás, ya que eso inspira confianza y empatía con tu público; procura prepararte constantemente; se proactivo y dinámico, ve más allá y más pronto que los demás; investiga sobre nuevos mercados y recursos; practica el buen e inteligente humor; sé ordenado tanto en el ámbito personal como el laboral; aprende sobre ventas y sobre el producto o servicio que ofreces.

Considerarse un mal vendedor es, en definitiva, un mito. Un obstáculo que podemos sortear y que no tiene por qué definir nuestro éxito o fracaso como emprendedor.

"Ya hay demasiados emprendedores". Y cada día habrá más, por fortuna. Procura ser uno de ellos.

¿Quién dice que ya hay muchos deportistas? ¿Quién dice que ya hay muchos cantantes? ¿Quién dice que ya hay muchos profesionales de tal tipo? Entonces, ¿qué razón hay en pensar que existen demasiados emprendedores? Como en todos los deportes, géneros musicales y profesiones, en el emprendimiento siempre habrá quienes se destaquen más que otros.

Diariamente suelo dedicar parte de mi tiempo a revisar perfiles y cuentas en algunas redes sociales. Facebook, Instagram y LinkedIn, son las que comúnmente consulto. Allí descubro un montón de personas que se autodenominan emprendedoras, pero cuyo contenido es realmente lamentable. La experiencia me dice que sí, que cada día hay más emprendedores, pero ¿cuántos de ellos son realmente buenos emprendedores y merecen la pena llamarse así? Quiero pensar que, cada vez más, iremos desarrollando un sólido criterio para determinar a quienes incluir en este bonito arte.

Y no se trata, de manera alguna, de discriminar y hacer de los emprendedores un selecto grupo al cual solo pueden entrar unos pocos, no. Pero como ya he dicho repetidamente, emprender es una actividad que merece ser rescatada, y el adjetivo emprendedor no debe ser usado con ligereza.

Emprendedores dicen haber muchos, pero realmente emprendedores con mérito, muy pocos. Procura ser uno de los buenos, de los que dejan huella, de los que influyen en los demás, de los que logran grandes cosas.

"No eres un emprendedor real. No encontrarás apoyo". ¡Cuidado con esto! La gran mayoría de las personas que están allá afuera, no ven en los demás lo que ellos no serían capaces de lograr. Si le preguntas a un empleado de 8 horas por 5 días, que opinión merece tu idea de emprender, ¿qué crees que te dirá?

Si buscas aprobación en personas que no saben o no entienden de emprendimiento, no la encontrarás. Seguramente buscarán destacar algunas características negativas en ti, para desmeritar los logros que podrías tener como emprendedor. *"Lo que empiezas no lo terminas"*, *"Tú no tienes paciencia"*, *"Eso es muy difícil para ti"*, son algunas de las frases que he escuchado de experiencias ajenas.

El apoyo constante es fundamental para el emprendedor. Bien sea por parte de la familia cercana, como padres, hermanos o pareja; o por parte de amigos, la solidaridad de estas personas será necesaria durante todo el proceso. Emprender solo es muy duro... imposible, diría yo.

Lo que sugiero, es que lo segundo que debes hacer toda vez que te has decidido a emprender, es rodearte de personas que apoyen esa decisión. Apoyo económico, moral o emocional, de cualquier manera, vendrá bien a tu entusiasmo. Evita en lo posible estar al alcance de esas personas que restan energía y tiempo. Dar pasos constantes y acertados, será la mejor y única manera de demostrarles que si eres un emprendedor real y que si existen personas que valoran y apoyan tu decisión.

Me permitiré contarles un breve pero ejemplificador relato, que seguramente habrás leído en internet con algunas diferentes versiones y matices, pero que básicamente nos deja la misma lección.

Alguna vez, un padre le dijo a su hijo: *"Te quiero dar dos obsequios de graduación. Primero, aquí está un auto que compré hace muchos años, pero antes de dártelo, llévalo al mercado de autos usados en el centro de la ciudad y diles que quiero venderlo. Ve y mira cuánto te ofrecen".*

El hijo se dirigió al distribuidor de autos usados y regresó con su padre. Le dijo: *"Me ofrecieron 1.000 dólares porque se ve muy gastado".* El padre al oír esto, le respondió: *"Llévalo al prestamista de la casa de empeño, y mira que te ofrece".*

El hijo fue al lugar, regreso con su padre y comentó: *"En la casa de empeño me ofrecieron sólo 100 dólares, porque es un auto muy viejo".* El padre, ahora le pidió que se dirigiera al club de carros de la ciudad y les mostrara el auto.

El hijo llevó el auto al club, regreso y le informó a su padre: *"Algunas personas del club me ofrecieron ¡hasta 10.000 dólares por él, porque es un Nissan Skyline GTR R34, un auto icónico y buscado por muchos!".* El padre le dijo a su hijo: *"Bueno, el primer regalo es el auto. El segundo, quería que supieras que las personas correctas, te valoraran de manera correcta. Si no eres valorado no te enojes ni te desanimes, significa que estás en el lugar equivocado, con las personas equivocadas"*

Cuando quieras emprender, ve y escucha a un emprendedor.

"Los nuevos negocios siempre fallan". Todos los negocios fueron nuevos alguna vez, esta sería la respuesta más contundente para este mito. Los que hemos sido empleados, recordamos aquellas primeras entrevistas de trabajo donde nos pedían obligatoriamente tener experiencia, pero nadie nos daba la oportunidad por primera vez, entonces ¿cómo adquirir experiencia?

Los nuevos negocios que fallan lo hacen por las razones que hemos expuesto con anterioridad, o por cometer errores que no se han sabido corregir oportunamente. Si eres consecuente con tu idea y has ido colocándole el *check* a cada una de las características que debes tener y desarrollar como emprendedor, y además has seguido los pasos que son necesarios para planificar responsablemente tu emprendimiento, tu nuevo negocio no tendría que ser ejemplo de este mito.

Pero, ¿cómo saber cuándo un negocio es "nuevo"? Ciertamente los primeros años son los más críticos, y estadísticamente está comprobado que dos de las barreras que hay que cruzar son: los dos primeros años (un alto porcentaje de ellos, desaparece antes de los dos primeros años) y los cinco primeros años (otro porcentaje, no tan alto, desaparece en este lapso). A partir de allí se considera que un negocio es estable, rentable y exitoso. Te diría que así, ocurre con todo. Una amistad, un noviazgo, un matrimonio o un empleo, puede fracasar antes de los 2 o 5 primeros años, y ya cruzada esa línea de tiempo la probabilidad de éxito es mucho más alta.

"No estás en edad de emprender. Eres muy joven. Eres muy viejo". Ray Kroc (McDonald's) comenzó a los 52 años, y Sam Walton (Walmart) a los 44. Harland Sanders (KFC) comenzó a los 65 años y Henry Ford (Ford) a los 40. Fue este último quien precisamente, dijo: *"Cualquiera que deja de aprender es viejo, ya tenga 20 años u 80. Cualquiera que sigue aprendiendo se mantiene joven".*

Si bien es cierto que no debes conformarte con el pensamiento de que tu momento no ha llegado, no es menos cierto que tu momento, debes crearlo tú. Las situaciones son personales, y las circunstancias que tienes en cada momento de tu vida también lo son. La juventud puede darte ímpetu, fuerza y vigorosidad, pero la adultez te da experiencia, madurez y sabiduría.

Durante mucho tiempo se han desarrollado diversos estudios para tratar de determinar cuál es la mejor edad para emprender. La mayoría de estos estudios, ubican el rango entre los 35 y 38 años, por la posibilidad de que a esta edad ya hayas acumulado una importante experiencia laboral, hayas desarrollado una buena red de contactos y cuentes con cierta capacidad o estabilidad económica, todos estos puntos de vital importancia para dar pie a la puesta en marcha de una idea de negocios.

Al respecto, la firma Ernst and Young (EY) estudió a un grupo de 685 emprendedores en el año 2011, y obtuvo importantes datos que mencionamos a continuación:

- El 45% de los encuestados iniciaron su primer emprendimiento entre los 20 y 29 años, mientras que un 31% lo hizo entre los 30 y los 39 años.
- Un 10% de los encuestados inició su primer negocio con menos de 20 años.
- Un 33% de los casos estudiados, señaló que la experiencia laboral previa, fue determinante en el éxito de su emprendimiento.
- Otro 30% atribuyó su éxito a la educación superior.

Esto se entiende si consideramos que a una edad temprana (entre 20 y 29 años) las personas generalmente no tienen compromisos familiares importantes, y por ello su disposición para asumir riesgos es mayor. Mientras que, entre los 30 y 39 años, la experiencia laboral y la posibilidad de haber acumulado cierto capital de dinero, son los factores que animan a tomar decisiones riesgosas.

Sin embargo, esto es más una estadística que una verdad. Seguramente ya habrás revisado los casos de éxitos de emprendedores muy jóvenes, pero también de gente que decidió dar el gran paso a una edad más avanzada.

Michael Sayman, norteamericano de origen latino, creó su primera aplicación para iOS a los 13 años, logrando así obtener el dinero suficiente para mantener a su familia luego de la gran recesión de

2008, en la que sus padres perdieron sus empleos y con ello, las posibilidades de sostener a la familia se vieron desvanecidas. Otro caso de éxito temprano es el del británico-australiano Nick D'Aloisio, que con solo 15 años logró recaudar una importante ronda de capital para crear Summly, una aplicación capaz de recoger noticias de distintos temas y fuentes, y resumirlas automáticamente en un único párrafo de menos de 400 caracteres. En 2013 esta aplicación se vendió a Yahoo! por 30 millones de dólares.

Por otra parte, tenemos el caso de Jack Dorsey, Biz Stone y Evan Williams, que a sus 30, 32 y 34 años respectivamente, crearon Twitter en 2006. Además de los casos mencionados al inicio de este mito, tenemos la historia de Arianna Huffington, quien fundó el *The Huffington Post* a los 54 años, uno de los diarios online más importantes de Estados Unidos.

Así es que, mi estimado lector, nunca es demasiado temprano ni demasiado tarde. El momento es cuando cada quien quiere que sea y cuando estemos dispuestos a dejar el alma y el corazón en el emprendimiento.

"Emprender es ir en contra de tu estabilidad". Un verdadero clásico. Ya hemos hablado de la zona de *confort*, y de los pros y los contras que encontramos fuera y dentro de ella. Al hablar de estabilidad, no puedo evitar recordar el cuento del pajarito que – asombrado desde su jaula- le dice al pájaro libre: "*¡Ya sé que tienes libertad, pero aquí tengo alpiste seguro!*"

Sí, puedo entender la tranquilidad que representa para la mayoría de las personas esa seguridad de un sueldo. Sin embargo, no es secreto para nadie que un trabajo "estable" se puede perder en cualquier momento, incluso por razones totalmente ajenas a la propia voluntad y que no están bajo nuestro control. Recordemos la gran recesión de 2008 o la pandemia por Covid-19 en 2020, por mencionar las más recientes crisis de carácter mundial que dejaron a su paso millones de personas sin empleo.

La estabilidad de un empleo la tendrás hasta que aparezca alguien mejor que tú. La estabilidad de un empleo será hasta que cumplas cierta edad y tu jefe decida que ya no eres rentable. La estabilidad de un empleo durará hasta que las máquinas sean capaces de reemplazarnos. La estabilidad de un empleo será hasta la próxima crisis mundial o hasta que un jefe caprichoso decida prescindir de tus servicios.

Así que, en el emprendimiento encontrarás precisamente esa estabilidad de saber que eres tú quien tendrá el control de hasta dónde llegar, cuándo y cómo.

"Ser emprendedor te hará rico, y ser rico es malo". Sinceramente, es de los que menos he escuchado. Muchas personas no relacionan de inmediato el emprendimiento con la riqueza, al contrario, suelen pensar que emprender es una cuesta que no vale mucho la pena subir. Para ellos, el esfuerzo y tiempo que debe dedicársele a un emprendimiento, no compensa de alguna manera la retribución económica que se obtiene a muy largo plazo.

Sin embargo, sí existen unas pocas personas que vinculan directamente el emprendimiento con negocio. Negocio, igual a riqueza. Riqueza, igual a pecado (casi).

Desde hace más de 2000 años, por alguna extraña razón la humanidad ha querido juzgar negativamente la riqueza. Dejemos a un lado el tema de la desigualdad o el clasismo (un tema realmente extraordinario) que no merece la pena plantear en este texto. Incluso en la Biblia católica, encontramos a Jesús expresándolo de esta manera en Mateo 19, 23-24:

> 23. Entonces Jesús dijo a sus discípulos: "Yo os aseguro que un rico difícilmente entrará en el Reino de los Cielos. 24. Os lo repito, es más fácil que un camello entre por el ojo de una aguja, que el que un rico entre en el Reino de los Cielos".

Curiosamente, una gran parte de los emprendedores que he tenido la dicha de conocer, poseen una delicada mezcla entre ambición y humildad que resulta muy interesante. Emprendedores con mucha trayectoria, que han alcanzado renombre en sus áreas y un éxito económico digno de admirar. Aun así, han mantenido su esencia humilde y espíritu bondadoso.

En un mundo como el que habitamos actualmente, la maldad está en cualquier parte y en cualquier momento. Dejemos de pensar en la riqueza como algo pecaminoso, solo porque no ha estado al alcance de todos. Tú, ve por el trozo de pastel que te corresponde.

"Para qué emprender y tener dinero, si cuando uno se muere no se lleva nada". Definitivamente este mito está directamente relacionado con el anterior, y de alguna manera refuerza la falsa idea de que tener libertad financiera, y con ella la posibilidad de acceder a determinados placeres materiales (y hablo de estos placeres porque son los que no podemos llevarnos al otro barrio), es algo irrelevante.

Si bien es cierto que las cosas materiales no se van con nosotros cuando ya no estemos aquí, la buena comida, los viajes y otras experiencias enriquecedoras son parte de lo que podemos disfrutar cuando tenemos cierta solvencia económica y que sí se van con nosotros. Evidentemente, estas experiencias vividas se quedan en nuestra memoria en forma de recuerdos, y si queremos ser más románticos, también se quedan en nuestro corazón.

"Voy a emprender para tener más libertad financiera y ser dueño de mi tiempo". Al momento de explicar este mito, debo confesar que he tenido emociones encontradas. Trataré en lo posible de ser realista sin caer en la crueldad, pero tampoco voy a venderte un *sueño guajiro*[8].

Desafortunadamente una gran parte de las personas que deciden emprender, lo hacen para huir de las condiciones laborales que viven en determinado momento. Un horario de trabajo agotador, responsabilidades que sobrepasan las capacidades, remuneración poco atractiva, jefes o compañeros de trabajo incómodos y otras razones quizás no

---

[8] En México, fantasía irrealizable o poco probable, utopía.

menos importantes, son circunstancias que poco a poco van haciendo mella en la gente y ven en el emprendimiento una salida viable.

Debo advertir que durante los primeros años de tu camino como emprendedor, sentirás que vives una realidad que precisamente ya no querías vivir: horario de trabajo agotador, responsabilidades que sobrepasan tus capacidades y remuneración poco atractiva. Todo esto, con uno, dos o más agravantes: no tienes la seguridad de un ingreso (ni siquiera poco), debes esforzarte por aprender a hacer tareas que no pensabas hacer o que te disgusta hacer, no tienes a alguien a quien recurrir para pedir auxilio… ¿recuerdas que ahora el jefe, todero y número uno, eres tú?

En un evento celebrado a finales del 2019, el empresario Bill Gates se refirió a este tema diciendo: *"realmente es cierto que no creía en los fines de semana… Tengo una opinión bastante dura de que debería haber un gran sacrificio durante estos, los primeros años"*. Sin embargo, reconoció que la gente debe *"sobreponerse a la adoración y mitificar la idea de trabajar extremadamente duro"*, y que definitivamente no es una práctica para el común de la gente[9].

Lo cierto es que el emprendedor no tiene horarios, ni límites, ni desconexión. Probablemente la pasión por tu idea te lleve a no querer despegarte siquiera algunos días, y pensarás que tomarte esas vacaciones que añorabas cuando tenías un trabajo

---

[9] https://www.forbes.com.mx/bill-gates-recomienda-no-tomar-descanso-tras-la-creacion-de-una-empresa/

de oficina, de horario, ahora son una pérdida de tiempo, y que incluso pudieran poner en riesgo la estabilidad de tu negocio. Aprenderás a delegar y a saber cuándo y cómo tomar un respiro, porque, sobre todo, lo necesitas. Puedes y debes hacerlo.

Confío en que el compromiso y la voluntad que imprimas a esa nueva etapa de tu vida, serán suficiente para superar todos y cada uno de los obstáculos que aparezcan en el camino, porque con el transcurrir del tiempo tendrás ciertas libertades que, de seguro, en los 30 o 40 años de vida laboral tradicional no podrías tener. Y sí, un emprendedor exitoso llega a tener libertad financiera y es dueño de su tiempo.

Decálogo del emprendedor

En el siguiente apartado abordaremos algunos principios que son sobradamente importantes para quien aspire a convertirse en un emprendedor exitoso. En palabras de Juan Diego Gómez, los cuatro activos más importantes de todo emprendedor son: la salud, el tiempo, la reputación y la mente. Atendiendo a esto, presentamos las diez reglas básicas de todo buen emprendedor.

1. ***Trabaja en varios proyectos a la vez.*** Quizás te parezca atrevida esta premisa, y más atrevida aún, empezar con ella. Lo cierto es que, por ejemplo, mientras escribo este libro, comparto mi dedicación a otros proyectos ya en marcha y próximos a iniciar. Atender algunas operaciones inmobiliarias en México;

coordinar operaciones de servicios en Venezuela e intercambiar ideas y conocimientos para un posible nuevo proyecto de consultoría integral laboral, son actividades que realizo a la par de escribir este libro.

Por mucho tiempo dudé de si esto era realmente aconsejable, llegué incluso a pensar que era desfavorable no concentrar toda mi atención en un solo proyecto o idea. Sin embargo, a lo largo de mi experiencia he podido comprobar que no afecta tu nivel de concentración, sino que termina siendo un estimulante casi natural el tener varios proyectos simultáneamente, demandándote dedicación y creatividad al máximo. Incluso, pueden alimentarse y enriquecerse entre ellos, en una especie de fertilización cruzada.

A propósito de esto, el escritor y artista estadounidense Austin Kleon, en entrevista para la serie "Aprendemos Juntos" de BBVA[10], opina:

> *Los proyectos paralelos y pasatiempos son importantes. Creo que es muy necesario que las personas creativas hagan cosas extras, porque si tienes pasatiempos intensos o proyectos secundarios, es muy común que mientras trabajas en esos proyectos, se te ocurran ideas para la obra principal en la que deberías estar trabajando, o que ese proyecto secundario despegue y te lleve a donde quieras ir".

---

[10] https://www.youtube.com/watch?v=A_qA_5RaWr8

2. **Usa términos y lenguaje adecuado.** En el último capítulo de este libro, encontrarás una interesante y vasta lista de términos y modismos que te facilitarán la comunicación con socios, empleados, inversionistas y clientes.

La forma de expresarnos, en general, es determinante en la impresión que cualquier persona se forma de otra en los primeros segundos. Luego de la imagen corporal (aspecto físico y forma de vestir) la siguiente carta de presentación es nuestra manera de hablar y capacidad para transmitir ideas. En un tema tan delicado e invaluable como el emprendimiento, es estrictamente necesario cuidar cada palabra, la modulación, la dicción y la entonación.

Particularmente, he sido testigo de algunas conversaciones donde una comunicación burda, ha sido responsable de una negociación no realizada o una puerta cerrada. Cuando pretendemos vender un proyecto, una idea, un producto, un servicio o a nosotros como emprendedores, debemos ser capaces de establecer una conversación profesional y fluida. Si bien esto no garantizará el éxito de la intención, sin duda nos hará ganar un terreno importante en la mente del interlocutor.

Grafiquemos lo acá descrito con el ejemplo de esta conversación entre un emprendedor y un posible socio.

> **Discurso 1.** Señor, quiero que escuche mi discurso de ventas, tengo un proyecto en mente que podría ser muy grande y estoy

necesitando a alguien que me guíe y me preste dinero para iniciar, tenemos planes de crecer a nivel mundial.

Discurso 2. Ing. Romero, regáleme 2 minutos de su valioso tiempo, quiero presentarle mi *startup* y de seguro estará interesado en ser mi *bussiness angel* y *mentor*, su experiencia es muy importante para mí. El proyecto es *escalable* a mediano plazo y promete ser una *born global company*.

Efectivamente, en ambos discursos queda perfectamente claro el mensaje que queremos transmitir. De hecho, si estuviésemos a hablando con cualquier persona "ajena" a los negocios y el emprendimiento, le resultaría de mejor y más fácil comprensión el discurso 1. No obstante, debemos tener claro que nuestro discurso debe adaptarse a la audiencia que queremos cautivar, y para efectos de negocios, el uso correcto de términos y la fluidez al hablar, son indispensable.

3. **Reinvéntate.** Reinventarse uno mismo y reinventar el negocio. Los tiempos cambian continuamente, y tener la capacidad de repensarnos como personas y como emprendedores, es la clave para mantenernos vigentes.

Mi primer emprendimiento data del año 2006, y nació con la idea de convertirnos en una reconocida consultora en materia de recursos humanos y comportamiento organizacional. Mi padre poseía toda la experiencia y conocimientos necesarios para tal fin, mientras que yo, aparte de mi recién adquirido título en el área, contaba con la ilusión y la pasión por convertir aquel talento en un negocio rentable.

Así pues, dimos inicio a la ardua labor de tocar puertas y ofrecer nuestros servicios mediante cualquier medio que permitiera hacerlo, y empezaron a llegar los clientes. Sobre la marcha, nos encontramos con el hecho de que muchas empresas nos solicitaban asesoría técnica en materia de seguridad industrial que, en nuestro país, estaba estrechamente relacionada con la gestión del personal. Curiosamente esta área había sido de mis materias favoritas en la universidad, razón por la cual me había esforzado por desarrollar mis pasantías en el Departamento de Control de Riesgos de una famosa ensambladora japonesa de autos.

No había mucho que pensar, el mercado nos estaba pidiendo enfocar nuestros servicios específicamente en esa área, así que decidimos ampliar nuestra formación y entrar de lleno con ese servicio. Resulto ser un éxito.

Producto de esas asesorías, detectamos una nueva oportunidad de negocio que nos obligaba a ampliar los servicios de la firma y diversificarnos. Era evidente que, además de la falta de conocimientos en materia de seguridad industrial por parte de nuestros clientes, había una carencia casi total de procedimientos orientados a preservar la salud física y psicológica de sus trabajadores, así como la falta de equipos de protección personal, tan necesarios en muchos procesos de trabajo.

Para el año 2008, el 75% de nuestra facturación era producto de la asesoría en seguridad industrial, la elaboración de Programas de Salud, Seguridad y Medio Ambiente de Trabajo y la venta de equipos de protección personal (cascos, botas, guantes, etcétera), mientras que el 25% restante era producto de las asesorías relacionadas con recursos humanos y comportamiento organizacional, sobre todo a particulares. Pero el cliente seguía pidiendo más, y quería conseguir en un mismo proveedor todos los servicios asociados.

Poco a poco fuimos incorporando más colaboradores, vendedores de equipos de protección personal, técnicos en seguridad y salud laboral y hasta un par de médicos ocupacionales que se encargaban de velar por la salud de los trabajadores en distintos centros de trabajo, realizando exámenes y jornadas médicas que exigía nuestra legislación. Ofrecíamos un completo y excelente trabajo.

El último servicio que decidimos incorporar, y que terminó siendo la joya de la corona, fue la confección y venta de uniformes industriales. Nos hicimos de un crédito de la banca pública para comprar todas las máquinas necesarias y poder pagar las nóminas del personal encargado de la confección, registramos nuestra marca (Intex), armamos un nuevo y extenso catálogo de productos y ¡voilá!

Para el año 2012, éramos la única empresa en la localidad capaz de resolver todas las necesidades y carencias relacionadas con la seguridad y salud laboral. Ofrecíamos la asesoría técnica, elaborábamos los programas, prestábamos el servicio médico ocupacional, vendíamos los equipos de protección personal y hasta los uniformes.

Fue la combinación perfecta entre una correcta lectura del mercado y un ágil aprovechamiento de oportunidades. Tocó adaptarnos, reinventarnos, y en eso estuvo el éxito de nuestra empresa por muchos años.

4. **Descansa.** En este apartado sobre el descanso, hablaremos específicamente sobre el descanso nocturno: el sueño, y su importancia en nuestro rendimiento físico, emocional e intelectual.

Cuando estaba más joven y recién me iniciaba en esto del emprendimiento, solía pensar que mientras menos dormía, más aprovechaba el tiempo. Es decir, tenía la falsa creencia de que yo "aprovechaba el tiempo" que otros ocupaban para dormir, para "invertirlo" en mi emprendimiento. En este punto, estarán pensando que sí, que efectivamente así es y que no es una falsa creencia. Me permitiré aclarar algunos aspectos para demostrar que esto, necesariamente, no es así.

Para entrar en contexto es preciso hablar sobre 2 aspectos: *biorritmos* y *tiempo libre*.

¿Te ha pasado que sientes que algunos días, o a determinado horario del día (por lo general de noche) sueles ser más productivo y te fluyen más las ideas y el escribir? Si tu respuesta es sí, puede que en lugar de algún súper poder que creías tener, se trata solo de tus *biorritmos* y la facilidad de concentración por la ausencia de agentes distractores.

Como seres humanos, poseemos ciertos ciclos que definen el actuar y el sentir frente a ciertas situaciones a lo largo de nuestra vida. Específicamente existen los llamados *biorritmos*, tres ciclos relacionados con nuestra arquitectura *física, emocional e intelectual*. De forma breve comentaremos que aspectos abarcarán cada uno de estos ciclos, para centrarnos en el que nos atañe en este momento, el *intelectual*.

El ciclo físico influye en factores como: la coordinación, la fuerza, la resistencia física y la resistencia a la enfermedad. Este ciclo dura 23 días (durante los cuales se presenta la elevación y el descenso en los niveles de esos factores), y es normal que, durante algunos días de este período de tiempo, estemos más dispuestos a realizar actividades que demanden mucho esfuerzo físico, como ir al gym, desarrollar tareas pesadas y mayor capacidad de resistencia.

El ciclo emocional influye en nuestros estados emocionales, afectando sentimientos como el amor y el odio, el pesimismo y el optimismo, la frialdad y la pasión, la euforia y la depresión. Este ciclo dura 28 días (durante los cuales esos estados emocionales se elevan y luego decrecen, para dar origen a un nuevo ciclo), y probablemente durante la fase ascendente seamos más propensos a la emotividad, manifestemos hipersensibilidad y expresividad de ciertas emociones.

El ciclo intelectual influye en aspectos relacionados con nuestra memoria, la capacidad de aprendizaje y de razonamiento, la capacidad de cálculo, el pensamiento lógico, etc. Este ciclo dura 33 días y seguramente, durante este lapso sientas mayor capacidad y disposición para realizar tareas que impliquen el raciocinio, la lógica y el pensamiento crítico, antes de que empiece a descender en la fase posterior del ciclo.

Así que es posible que esa sensación de saberse más productivo por la noche y madrugada, esté directamente relacionada con ciertos lapsos de tiempo que, de forma natural, normal y cíclica, se presentan en nuestro organismo, y aunado a un clima de tranquilidad y a la ausencia de factores distractores (como interrupciones familiares o de trabajo, ruido exterior, teléfono, etc.) nos esté dando esa falsa sensación de que el trabajo nocturno es, por sí mismo, propio de un emprendedor empedernido.

Te invitamos a conocer más sobre los *biorritmos*, según los estudios de los doctores Hermann Swoboda, profesor de Psicología en la Universidad de Viena, y Wilhelm Fliess, otorrinolaringólogo. Ambos investigadores y primeros estudiosos sobre el tema.

Por otra parte, en uno de los apartados sobre los **mitos del emprendimiento**, mencionamos la necesidad de establecer ciertos horarios y cantidad de horas destinadas al trabajo (en caso de que seas empleado), al descanso (dormir) y otro cierto número de horas disponibles para otras actividades, como: compartir con la familia, hacer ejercicio, disfrutar de breves descansos, realizar actividades extras, etc. En este sentido, es posible que el tiempo libre destinado para la organización, planificación y ejecución de tu proyecto o idea de negocio, sea bastante reducido o nulo. Quizás tengas la necesidad de sacrificar un poco de tu tiempo de descanso nocturno (dormir) para poder realizar algunas actividades y tareas asociadas a tu emprendimiento, y esto no está mal. Es, incluso, necesario. Pero esto debe ser la excepción, no la regla.

Lo cierto es que el dormir el tiempo recomendado, de forma prolongada y relajada, se traduce en bienestar para nuestro cuerpo a nivel físico y psicológico. Juan A. Pareja, neurólogo especialista en Medicina del Sueño, señala que, entre algunas de las consecuencias de un mal descanso, se encuentran[11]:

- Somnolencia.
- Cansancio físico y mental.
- Disminución en la capacidad de atención y concentración.
- Lentitud de pensamiento.
- Irritabilidad.
- Hipertensión arterial.
- Propensión a enfermedades cardiovasculares.

Por su parte, el Doctor Merrill Mitler, experto en sueño, identifica los siguientes beneficios de un buen descanso[12]:

---

[11] https://cuidateplus.marca.com/bienestar/2016/03/18/dia-mundial-sueno-importancia-dormir-111635.html
[12] https://salud.nih.gov/articulo/los-beneficios-de-dormir/

- Mejora la capacidad de memorizar.
- Mantiene el equilibrio energético y molecular.
- Ayuda a pensar con más claridad.
- Permite tener mejores reflejos.
- Mayor capacidad de concentración.
- Mejora el estado de ánimo.
- Disminuye la irritabilidad y la posibilidad de desarrollar frustración.
- Mejora el rendimiento cognitivo.

En resumidas cuentas, la idea principal que quiero dejar firmemente establecida en este punto, es que si bien es cierto que podría ser necesario el sacrificio de trabajar algunas horas de la noche y madrugada por razones de tiempo y facilidad, no es menos cierto que esta práctica, de forma continuada, puede terminar resultando en el deterioro de nuestra salud física y mental, contraviniendo nuestro interés de estar 100% aptos para nuestro emprendimiento.

Se trata entonces de saber y determinar cómo estás usando y repartiendo tu tiempo mientras estás despierto, y evitar esa falsa creencia de que dejar de dormir es parte del sacrificio que debes hacer para lograr el éxito. Tan importante es un buen descanso en la vida de cualquier persona como la alimentación y el ejercicio físico.

5. **Ejercítate.** Diversos estudios han demostrado suficientemente los beneficios del ejercicio, capaz de producir cambios positivos en el sistema cardiovascular, sistema inmunológico, músculos, huesos y hasta en la salud psíquica.

Más allá de los beneficios físicos (como el crecimiento y fortalecimiento de músculos y huesos, por ejemplo) y de los beneficios a nivel de funcionamiento del organismo (como la mejora en la capacidad circulatoria y respiratoria y el fortalecimiento de las defensas de nuestro sistema cardiovascular e inmunológico), queremos en este punto destacar los beneficios del ejercicio en uno de nuestros principales órganos: el cerebro.

El cerebro es el órgano primario del sistema nervioso central, responsable de funciones ejecutivas como el autocontrol, la planificación, el razonamiento y el pensamiento abstracto.

Realizar entre 30 y 45 minutos de actividad física por día (de 4 a 5 veces por semana) puede lograr resultados increíbles, si consideramos que puede aumentar nuestra autoestima, mejorar la calidad y cantidad del sueño y reducir la producción de cortisol, la hormona asociada al estrés. De hecho, el ejercicio tiene un efecto ansiolítico y antidepresivo en nuestro cuerpo, toda vez que ayuda en la producción de serotonina, un neurotransmisor asociado al bienestar y la felicidad, y de endorfina, analgésico natural que estimula el estado de ánimo.

Si hasta ahora te ha parecido poco lo que podemos lograr con la adecuada dosis de actividad física diaria, te comento que el ejercicio, además, refuerza el pensamiento creativo. Básicamente, y en palabras sencillas, hablamos de que el ejercicio:

- Desarrolla la capacidad para producir ideas nuevas y conceptos.
- Dimensiona posibles consecuencias que una idea traerá consigo.

- Ayuda en la formulación y construcción de situaciones.
- Estimula la capacidad de generar soluciones a situaciones adversas o problemas.

¿Crees que le vendría bien a tu emprendimiento algunas ideas nuevas; soluciones a problemas que se te presenten; que tengas un descanso reparador; unos niveles de estrés controlado y buena condición física? No es que te vendría bien: es que lo vas a necesitar.

6. **Aliméntate sanamente.** La tarea de desarrollar este decálogo fue por demás difícil. Limitar a solo diez, todas las características y principios que deben formar parte de la esencia de cualquier persona que se dice emprendedora, me llevó mucho tiempo y reflexión.

Particularmente, hablar con propiedad del descanso, el ejercicio y la alimentación sana (temas en los que no soy experto) me resultó comprometedor. Por ello, quise hacerlo con mucho respeto y desde el conocimiento elemental que cualquier persona debería saber y poder comprender.

No se trata pues de desarrollar un plan de alimentación, ni pretendo de alguna manera acercarte a un tipo de programa alimenticio o dieta en especial. Hablaré únicamente de la importancia de tener una alimentación, en general, sana y balanceada.

Diversos estudios han demostrado fehacientemente la relación que existe entre una buena alimentación y nuestra salud física y mental. La función cognitiva y la sensación corporal que tenemos en determinados momentos del día van a determinar lo eficientes que somos frente a algunas tareas y, por consiguiente, lo productivo y exitoso (o no) que puede resultar nuestro trabajo, cualquiera que este sea.

En principio, identifiquemos los alimentos que deberíamos consumir regularmente por los aportes que éstos dan a nuestro organismo. Procuremos incorporar a nuestra comida diaria: *vegetales verdes:* aportan vitaminas, calcio, ácido fólico, hierro y proteínas; *frutas:* aportan vitamina C y mantienen hidratado el organismo, y muchas de ellas son diuréticas, depuradoras y aportan fibras naturales solubles; *cereales naturales:* (avena, amaranto, arroz, derivados del maíz, etc., no procesados) son fuente de fibra, proteínas, minerales y vitaminas del grupo B; *frutos secos:* estos frutos son perfectos para las entre comidas o como *snacks*, ya que aportan grasas saludables, omega 3 y omega 9 y son antioxidantes (deben consumirse, aunque con moderación, ya que poseen un alto contenido calórico).

En cuanto a función mental, la incorporación de estos nutrientes a nuestro organismo se traduce en: mejora de la memoria y habilidades de razonamiento, agilidad mental y aumento de los niveles de neurotransmisores, lo que a su vez incide en la regulación de nuestro humor, comportamiento, estado de ánimo e incluso la calidad del sueño. Evita, así mismo, el consumo de azúcares añadidas, grasas saturadas y colorantes artificiales que causan un efecto totalmente contrario.

No quisiera entrar en el detalle del consumo de proteínas de origen animal porque es un tema en el que existen opiniones encontradas, totalmente válidas y muy bien fundamentadas todas.

Concluimos este apartado citando a la Dra. Kelly A. Turner, quien en su libro *Radical Remission* (2014), señala:

> *"Podemos considerar que nuestra salud (y no solo nuestra salud, sino toda nuestra vida) es el saldo total de todas las decisiones que hemos tomado momento a momento. Entre esas decisiones se cuentan lo que comemos y bebemos, lo que pensamos y sentimos, nuestros actos y nuestras reacciones, nuestros movimientos o reposo en cualquier día determinado".*

Así que ya sabes, ejercítate, descansa, valora la calidad de tus comidas y empezarás a notar no solo un cambio físico, sino también mental... ¿ya escuchaste aquello de *mente sana en cuerpo sano?*

7. **Sé comedido al inicio, y generoso al final.** Cuando hablo de ser egoísta quizás suene peyorativo. Me refiero a ser ahorrador. Es realmente necesario que al inicio de tu emprendimiento establezcas tus propios límites, estrechos.

He sabido de emprendedores que, al momento de definir su plan de negocios y su estrategia financiera, lo primero en la lista es el pago de un alto sueldo o el pago de algunos costosos gustos o *hobbies*. Incluso, si antes de emprender ya tenías cierto nivel de vida, deberás considerar moderarla. Salvo que el dinero no sea un problema para ti, cada dólar que gastes proveniente del emprendimiento, debe de tener una justificación de peso.

La gran mayoría de los emprendedores, y luego empresarios exitosos, han dado sus primeros pasos recurriendo a llevar un estilo de vida modesto. Muchos, incluso, no solo antes y durante, sino también luego de alcanzar grandes fortunas y el éxito mundial.

Recordarás la forma de vestir de Steve Jobs o Marck Zuckerberg, o los garajes donde iniciaron Amazon, Apple, Harley Devinson o Google. Probablemente te parezca poco racional hacer estas comparaciones, ahora que esas empresas son corporaciones multimillonarias y sus dueños y directivos forman parte de las listas de gente más adinerada e influyente del mundo. Cuando ellos empezaron, seguramente no fueron capaces de dimensionar ese futuro, pero si fueron conscientes de que lo primero, era trabajar por y para sus proyectos. Dejaron a un lado el interés por sacar el mayor provecho económico de su emprendimiento cuando éste apenas arrancaba.

No te afanes en presumir un alto estilo de vida, algún lujo. No te preocupes en tener una increíble oficina o un gran auto. Recuerda que estarás iniciando y ya habrá tiempo para lograr grandes cosas materiales, si es que ese podría ser un logro de peso para ti.

Sin embargo, así como la prudencia económica debe ser considerada al inicio de tu emprendimiento, es preciso que posteriormente seas generoso (económicamente hablando) contigo, con tu equipo de trabajo y con tu localidad.

Algunos emprendedores han hechos grandes esfuerzos por compartir sus logros y beneficios con los demás. La repartición de utilidades, el acceso a acciones del negocio, la filantropía o la beneficencia a través de donaciones, por ejemplo, son excelentes formas de agradecer por todo lo logrado. A continuación, te menciono algunos generosos gestos de grandes empresarios exitosos. Esta es la lista de algunas donaciones filantrópicas y ayudas humanitarias importante (hasta el año 2019)[13]

- $36 mil millones de Warren Buffett y Bill Gates a entidades benéficas.
- $ 3 mil millones de Carlos Slim a organismos de salud y universidades.
- $ 10 mil millones de Jeff Bezos a un fondo para combatir el cambio climático.
- $ 970 millones de Ted Turner a Naciones Unidas.
- $343 millones de Rockefeller a la Fundación Rockefeller y otras fundaciones, en el transcurso de su vida.
- $150 millones ($7 mil millones en términos modernos) de Andrew Carnegie a buenas causas, incluyendo el edificio Carnegie Hall de Nueva York.
- 40,000 hectáreas de bosque compradas por Tim Sweeney, para preservarlas y evitar la deforestación. Es considerado uno de los mayores ecologistas de Estados Unidos.

---

[13] https://es.wikipedia.org/wiki/Filantrop%C3%ADa

- $500 millones de Michael Jackson a más de 39 organizaciones de caridad. Adicionalmente, dicho artista dejó el 10% de su fortuna para obras caritativas, de acuerdo con su testamento.
- $424 millones de gestores de Reader's Digest al Museo Metropolitano de Arte de Nueva York.
- $220 millones de Phil y Penny Knight (fundador de Nike) a la Universidad de Oregón.
- $15 millones de Mark Zuckerberg al alcalde de Newark, Nueva Jersey para las escuelas públicas.
- $ 5 millones de Selena Gómez en los incendios forestales que azotaron Australia en noviembre de 2019.
- $ 100 mil de Breiner Amaranto a una fundación de perros en Nueva York.

8. **Confía en tu intuición.** Si bien una de las características de todo emprendedor es la osadía para correr riesgos, cuando hablamos de negocios y de dinero, debemos procurar que éstos sean lo más calculado posible. Permíteme nuevamente hablarte de mi experiencia personal.

Uno de los grandes pasos que dimos mientras estuve al frente de las empresas en Venezuela, fue la adquisición de 12 máquinas industriales para la confección de uniformes industriales y deportivos. Fue una idea ambiciosa que nació un día cualquiera, cuando por casualidad nos visitaron los funcionarios de una institución pública que en ese momento atendían la solicitud crediticia de un cliente nuestro.

Me interesé por el apoyo y asesoría que brindaba esa institución, y estuve largo rato consultándoles sobre las condiciones y beneficios de los créditos que daban. Básicamente, nuestra empresa no calificaba para optar a tal ayuda.

Conforme iba obteniendo más información de ellos, en mi mente estaba recreando todos los escenarios, positivos y negativos, que podrían presentarse: si pedía el crédito, si lo aceptaban o lo rechazaban, si estaría en la capacidad de sacarle rendimiento a esas máquinas o no, el personal nuevo que debía contratar, la competencia en ese sector, etcétera.

Nada más el solicitar ese crédito, implicaba hacer cambios legales y contables en la empresa, y yo, sin consultar con nuestro abogado ni el contador, ya tenía la decisión tomada: ¡pediríamos el crédito!

Te puedo asegurar que no fue decisión caprichosa tomada a la ligera, pero tampoco me di a la tarea de hacer cuentas o consultar con nuestros asesores, simplemente algo en mi mente y mi corazón me hicieron sentir que eso saldría bien y, además, que mi equipo y yo tendríamos la suficiente responsabilidad y preparación para hacer de esa nueva aventura una oportunidad de crecimiento y valor.

Cuatro meses más tarde todo estaba materializado: máquinas, personas e insumos ya estaban dispuestos para hacer magia. La decisión resultó siendo tremendamente exitosa, y la intuición la principal protagonista.

Sin embargo, debemos hacer consciencia de que no siempre es así, y a veces la intuición es capaz de jugarnos una mala pasada. Lejos de asociar la intuición como alguna forma de suerte, o como "echarnos un volado", dijeran en México, la intuición es la capacidad que tenemos para comprender y analizar de forma inmediata una situación, sin intervención de la razón y el análisis. Y en ocasiones esto también falla.

El reconocido empresario mexicano Artuto Elias Ayub, en alguna presentación que tuvo, comentó cómo tomo una decisión de la que poco tiempo más tarde se arrepentiría, al dejar pasar una increíble oportunidad.

Hace algunos años en un viaje que hizo a New York, Estados Unidos, se reunió con un buen amigo y un amigo de este último, para valorar una posible asociación de negocios. Una aplicación, aparentemente como muchas otras, en la que le pedían aportar 100 millones de dólares a cambio de un 10% de participación en la empresa desarrolladora de la app. Sorprendido y evidentemente asustado, Elias Ayub no dudo en dar un no rotundo a tal invitación, algo le dijo que no lo hiciera. La aplicación en cuestión era Snapchat, que para mediados del año 2019 tenía un valor cercano a los 3,700 millones de dólares.

9. ***Prepárate constantemente.*** Séneca, filósofo romano precursor de la corriente del estoicismo, decía: *"¡Estudia! no para saber una cosa más, sino para saberla mejor"*.

La mejor inversión que puedes hacer como persona, como empleado, como emprendedor, como inversionista, como todo lo que quieras ser, es estudiar y prepararte constantemente. El emprendimiento debe ser un ejercicio de ambición, pero de ambición de conocimiento. Saberte especialista, experto, un gurú en tu campo de acción, es un título que todos queremos presumir, pero que solo se logra con la preparación constante.

Coincidimos en que el mundo actual está lleno de información, más no de conocimiento. Saber consumir contenido de valor, por la vía que sea, desde libros hasta redes sociales, y pasando por conocedores del área, va a ser determinante para que destaques en tu ámbito. Consultar fuentes de información oficiales, leer contenido de expertos y debatir con mentores es una gran idea para incrementar tus conocimientos y mantenerte actualizado.

En el texto *El hombre más rico de Babilonia*, de George S. Clason (1926), cuando el Rey de Babilonia le pidió a Arkad (quien era el hombre con más riqueza de la ciudad) que instruyera a sus habitantes sobre cómo hacer dinero, éste explicó detalladamente cada una de las siete reglas que debían cumplirse para lograrlo. Siendo la última ley la de *cultivar las facultades intelectuales*, señaló:

> *"Cuántos más conocimientos adquiramos, más dinero ganaremos. El hombre que espera aprender mejor su oficio, será recompensado con creces. Si es un artesano, puede intentar conocer los métodos y conocer las herramientas más perfeccionadas. Si trabaja en Derecho o Medicina, podrá consultar o intercambiar opiniones con sus colegas. Si*

es un mercader, siempre podrá buscar mercancías de mejor calidad que venderá a bajo precio.

Los negocios de un hombre cambian y prosperan dado que los hombres perspicaces intentan mejorar para ser más útiles. Así que insto a todos los hombres, a que progresen y no se queden sin hacer nada, a menos que quieran ser dejados de lado".

10. **Solo dedícate a lo que te gusta y apasiona.** Es realmente sorprendente y desalentador, ver la cantidad de gente que ve el emprendimiento como una vía rápida y fácil de hacer dinero, en ocasiones, animado por alguien que les dijo: *ese es un buen negocio.* Nada más alejado de la verdad.

En su afán, pierden de vista la seriedad y responsabilidad con la que debe asumirse ese compromiso, y le apuestan a cualquier actividad que para ellos sea una fuente segura de generar dinero. La fórmula del éxito de una idea de negocio está compuesta por distintas variables, todas igualmente importantes, y una de ellas es dedicarse a una actividad que a uno le apasione. Es un requisito *sine qua non*.

Como recordarás, dos de las tres preguntas claves que mencionamos al hablar de la idea de negocio, son: *¿qué te gusta hacer?* y *¿qué haces mejor que los demás?* Y esto solo habla de pasión.

Benjamín Franklin decía: *"La necesidad nunca hace un buen negocio"*, por lo que pensar en intentar sacar provecho de una idea, únicamente por la satisfacción del retorno inmediato, rápidamente terminará siendo simplemente un negocio anodino, carente de cualquier tipo de interés y al que cada vez dedicaras menos tiempo y recursos.

La procrastinación: un lastre para el emprendimiento

*"Aplazar una cosa fácil hace que sea difícil.
Aplazar una cosa difícil hace que sea imposible"*
George Claude Lorimer

Podemos definir la procrastinación como la postergación o posposición de tareas que son importantes, reemplazándolas por actividades menos relevantes, pero probablemente más satisfactorias. Cuando nos decidimos a emprender, y también en muchas otras actividades de nuestro día a día, suele suceder que damos largas a aquellas actividades que, aunque sean poco gratas, son necesarias y que precisamente nos conducirán a la materialización de nuestro proyecto o idea de negocio.

Seguramente te sentirás identificado al leer frases como: *"No tengo tiempo hoy"*, *"el trabajo me absorbe"*, *"quizás la semana que viene si me organizo mejor"*, *"ya habrá tiempo"*, entre muchas otras frases más. Constantemente nos decimos estas palabras inconscientemente, sin saber que nos estamos enfrentando con el fenómeno de la procrastinación y alejando cada vez más las posibilidades de ver realizado nuestro emprendimiento. *"El problema es que crees que tienes tiempo"*, dijo Buda.

Comúnmente se asocia el fenómeno de la procrastinación con la pereza o flojera, sin embargo, es un fenómeno que pudiera tener otras lecturas.

En este punto, lo importante es determinar si estamos siendo procrastinadores con las tareas que nos acercarían a nuestro proyecto o idea de negocio, o si definitivamente no estamos lo suficientemente decididos o enamorados de éste.

"No eres flojo, no sabes cómo empezar"
Devon Price

Devon Price, psicólogo social por la Universidad de Loyola, Chicago, Estados Unidos, en su artículo *Laziness does not exist (La pereza no existe)* publicado en 2018, opina que la procrastinación es más un problema de procesos, que de pereza. En su opinión, cuando un individuo falla en iniciar una tarea (en especial si es importante) es básicamente por uno de dos motivos: a) ansiedad, producto de sentir o creer que no se es lo suficientemente bueno para llevar a cabo la tarea, o b) la confusión por no saber cómo o por dónde empezar, es decir, cuáles deberán ser los primeros pasos en dar.

En el primer supuesto, el autor recomienda tomar descansos y buscar alternativas que permitan desconectarnos de la actividad o tarea a realizar.

Salir a caminar al aire libre, leer o realizar alguna actividad relajante o física que disfrutemos, son todas excelentes opciones.

Si, por el contrario, la procrastinación es producto de la confusión por no saber cómo o por dónde empezar, lo más recomendable es dividir las tareas en pequeñas etapas o pasos, específicos y ordenados.

Lee Iaccoca, ejecutivo estadounidense de gran trayectoria en el sector automotriz, decía que *"la disciplina de escribir algo es el primer paso para hacer que suceda"*.

A continuación, te dejo un breve esquema de 7 pasos que seguramente te ayudarán.

1. **Ponte objetivos claros.** Haz una lista de las tareas pendientes, organizándolas por orden de importancia y prioridad. Determina el orden en que debes realizarlas. Lo primero es saber por dónde debes empezar.

2. **Piensa lo que puedes lograr con cada paso.** Suele ayudar mucho ir eliminando o tachando de tu lista cada una de las tareas que vayas realizando. Esto te dará una sensación de real logro y te hará visualizar mejor lo cerca que estas cada vez más de la meta.

3. **Establécete una rutina.** Fíjate un horario. Si has tenido dificultades para organizar tu día y tus rutinas, establécete un horario de terminado tiempo y a determinada hora. Esto te obligará

a dedicarte única y exclusivamente a la realización de tus tareas. Tómalo con seriedad, y evita colocar otros compromisos o actividades que coincidan con este tiempo.

4. **Trabaja en tareas pequeñas y precisas.** Pretender desarrollar un proyecto macro en pocos días, o ir avanzando sin sentir que concretamente vamos lográndolo, puede resultar frustrante. Procura dividir ese gran trabajo en tareas más pequeñas, cortas, y así tendrás una satisfactoria sensación de logro cada vez que veas finalizada una tarea.

5. **Haz primero las tareas más molestas.** En todo proceso y trabajo existen algunas tareas que resultan ser más molestas o menos gratificantes, digamos. El realizar primero estas tareas, nos permitirá dejar las más emocionantes para el final, dándonos la oportunidad de avanzar de manera más rápida y fluida.

6. **Toma decisiones y no temas abandonar.** Piensa serena y conscientemente sobre las tareas que estas procrastinando: qué significa esa tarea y si realmente te acerca a tu objetivo final. No temas en tomar la decisión de descartarla (si es que así lo decides y si no aporta al plan) o resuelve hacerla siguiendo algunos *tips* sobre administración y uso eficiente del tiempo, que mencionare más adelante.

7. **Date incentivos cuando termines cada tarea.** Una de las cosas que solemos olvidar, en

general, en nuestro día a día, es el recompensarnos nosotros mismos por nuestros logros. Pareciera que siempre estamos esperando que la gratificación venga de afuera, de un tercero. Acostumbrémonos a darnos incentivos frente a cada logro, cada paso, cada avance. Desde un tiempo libre de desconexión hasta una comida que disfrutemos.

Hablar de procrastinación, es obligatoriamente hablar sobre administración del tiempo. Indistintamente de las razones que te estén llevando a posponer tus actividades, parte de la solución es establecer un correcto uso y administración de tu tiempo. Así, no solo te garantizarás avanzar en las tareas asociadas a tu proceso emprendedor, en este caso, sino que también te ayudará al establecimiento de una rutina diaria de trabajo.

En este sentido, quisiera permitirme recomendarte tres técnicas que servirán para vencer la procrastinación: la Técnica Pomodoro, la Regla de los Dos Minutos y la estrategia de Seinfeld.

Técnica Pomodoro. Desarrollada por Francesco Cirillo a finales de los años ochenta, es un método que consiste en establecer intervalos de tiempo dedicados exclusivamente a una actividad, sin permitirse interrupciones propias o de terceros, garantizando así una completa y exclusiva dedicación a la realización de esa actividad o trabajo.

Específicamente, la técnica plantea que dediquemos cuatro intervalos de tiempo de 25 minutos cada uno a determinada tarea, separados por cinco minutos de descanso entre cada uno de ellos, y seguido por un intervalo de descanso mayor de 15 a 30 minutos después del último período.

Visto de forma más práctica, sería:

- **Paso 1.** Define la tarea a realizar. Por ejemplo, hacer el plan de negocios de tu emprendimiento.

- **Paso 2.** Programa el temporizador, como un *pomodoro timer* (reloj de cocina con forma de tomate, de allí el nombre de la técnica)

- **Paso 3.** Dedícale enteramente 25 minutos a la tarea (desarrollar los distintos *items* del plan de negocios, en este ejemplo)

- **Paso 4.** En cuanto suene la alarma señalando el fin de los 25 minutos, toma un descanso (ve por un café o revisa tus redes sociales, tendrás solo cinco minutos para ello)

- **Paso 5.** Repite estos primeros pasos, cuatro veces, con la única diferencia de que tu último descanso será de entre 15 y 30 minutos (ve por más café o revisa con más detalle tus redes sociales)

Como dato importante, considera que los tiempos no pueden dividirse en lapsos más cortos, y no puedes permitirte distracciones, en cuyo caso deberás iniciar nuevamente con el ciclo.

La Regla de los Dos Minutos. Es un método de gestión de las actividades planteado por David Allen en su libro *"Getting Things Done"* (GTD, que en español se ha titulado 'Organízate con eficacia'). La regla plantea que si en tu lista de tareas pendientes existen algunas que pueden realizarse en dos minutos o menos, no la planifiques, solo hazla.

Este lapso que, en principio puede ser muy corto y solo para tareas sencillas y rápidas, puede ir extendiéndose a lapsos de tiempo más largos, como cinco o más minutos. La idea es crear el hábito sobre el "uso" responsable que debes darle a esos minutos, destinados para hacer una tarea específicamente. Si la tarea es más larga, dedicar ese breve tiempo para avanzar algo.

La estrategia Seinfeld. Llamada así por ser mencionada por el actor y comediante Jerry Seinfeld, como una estrategia utilizada por él. Expone que cada día se haga una tarea asociada a un fin, y que diariamente se marque con una X en el calendario el cumplimiento de este propósito. De esta manera, cada día habrá más equis consecutivas en el calendario que, además de la sensación de logro y avance que representa, nos hará pensar dos veces antes de dejar de marcar la próxima X y romper la secuencia lograda.

Con estas técnicas, y quizás muchas más que querrás incorporar, podrás avanzar más eficientemente en tu tarea y evitar muchas distracciones y, sobre todo, marcarle un *stop* a la procrastinación. Avanza constantemente con pasos firme hacia la materialización de tu emprendimiento.

La resiliencia: una actitud necesaria al momento de emprender

"En tres palabras puedo resumir todo lo que he aprendido acerca de la vida: continúa hacia adelante"

Robert Frost

Este término, usado originalmente en la física y la química, se refiere a la capacidad que tienen ciertos materiales para, tras recibir un impacto o estar sometidos a ciertas condiciones que los alteran física y/o químicamente, recuperar su forma original.

Pensemos por un momento en una vara de plástico que recibe presión por sus extremos; o en una liga elástica, al ser estirada. Ambos objetos volverían a su forma original al dejar de recibir esta presión, sin ver alteradas sus características físicas o químicas.

Guardando las distancias, lo mismo ocurre en un ser humano cuando es resiliente. El Diccionario de la Real Academia Española, amplia el concepto y define la resiliencia como *la capacidad de adaptación de un ser vivo frente a un agente perturbador o un estado o situación adversos.*

Pero, ¿puede aplicarse este término también a las organizaciones? Definitivamente, sí. Llámese emprendedor, líder, jefe, director, o cualquier otro nombre que le queramos poner a la persona que guíe los destinos de una empresa, es preciso que se cree una cultura de resiliencia en toda la organización, capaz de que ésta, como un todo, como un universo formado por tantas personas que hacen vida en ella, tenga la capacidad de superar todos y cada uno de los obstáculos a los que deberá enfrentarse a lo largo de su vida.

Como ya habrás notado, me gusta ejemplificar y caracterizar con situaciones reales algunas definiciones. Veamos.

La vida del actor canadiense Keanu Reeves nos deja, sin lugar a dudas, una de las mejores historias de resiliencia. Nacido libanes, pero nacionalizado canadiense, pasó gran parte de su infancia y adolescencia viviendo en distintas ciudades, en varias partes del mundo. Su padre, quien estuvo preso por vender heroína, lo abandonó cuando apenas tenía tres años.

Durante cinco años estudió en cuatro escuelas de secundaria, incluyendo la Escuela de Artes Etobicoke, de donde fue expulsado. En su adolescencia, destacó como portero de hockey sobre hielo en De Salle College, siendo su ideal pertenecer al equipo profesional de Canadá. Sin embargo, su sueño se vio truncado al sufrir una lesión y tuvo que desistir.

A principios de los años 90, dedicó gran parte de su tiempo al cuidado de su hermana, diagnosticada con leucemia. Tristemente, uno de sus mejores amigos murió en 1993 a causa de una sobredosis.

Teniendo 35 años, su novia y futura esposa, da a luz a su primer bebe... muerta. Las tensiones originadas por este lamentable hecho, hace que la relación entre

Reeves y su novia se deteriore, a tal punto que terminan su relación. Algunos meses más tarde y en pleno éxito de su carrera actoral, su ex novia fallece en un accidente de tránsito, lo que desencadena en una profunda depresión de Reeves.

El actor ha logrado sobreponerse a cada uno de estos reveses, logrando mantener el éxito de su carrera y llegando a ser uno de los actores más cotizados de la industria. Su estilo de vida y resiliencia, lo ha llevado a ganarse el respeto del público y ser señalado como uno de los hombres más modestos y bondadosos del medio.

En el ámbito político, otra historia destacable de resiliencia en los últimos tiempos es la de Abraham Lincoln, quien fue de fracaso en fracaso hasta llegar a convertirse en el 16ª presidente de los Estados Unidos de América en 1860, a la edad de 51 años. Aquí, un breve resumen de los acontecimientos más relevantes y desafiantes de su vida.

A los 7 años tuvo que empezar a trabajar para ayudar al mantenimiento de su familia, después de que fueron desalojados de la casa. Dos años más tarde, su madre muere. Lincoln no pudo ir a la escuela, pero se formó de manera autodidacta. Tal como el mismo lo diría varios años más adelante: *"Pero, yo ignoraba muchas cosas. Sabía leer, escribir y contar, y hasta la regla de tres, pero nada más. Nunca estudié en un colegio o academia, lo que poseo en materia de educación lo he ido recogiendo aquí y allá, bajo las exigencias de la necesidad".*

A los 40 años tuvo que renunciar a su reelección como congresista, debido a su postura contraria a la intervención de Estados Unidos en México. A los 41 años perdió a uno de sus hijos, teniendo éste apenas cuatro años. A los 45 años fue derrotado en las Elecciones para el Senado. A los 47 años participó como candidato a la Vice presidencia del país por el Partido Republicano, siendo vencido al sacar menos de 100 votos.

A los 51 años, Abraham Lincoln es elegido como el 16ª presidente de los Estados Unidos de América, siendo bajo su mandato cuando se logró la abolición de la esclavitud, se fortaleció el gobierno federal y se modernizó la economía del país. Además, estuvo al frente de la Guerra de Secesión, por muchos considerado como el conflicto más sangriento que ha sufrido el país del norte, cuyas secuelas morales, constitucionales y políticas fueron devastadoras, y de las cuales logró sobreponerse la nación en un clima de profunda unión nacional.

Siendo ya presidente de los Estados Unidos de América, pierde un segundo hijo, a la edad de 12 años.

La tercera y última historia de admirable resiliencia, es la accidentada vida de Joanne Rowling. Cuando tenía 25 años, su madre muere, luego de batallar durante 10 años con una esclerosis múltiple. Siendo su madre el principal apoyo en su faceta como escritora, se sintió muy devastada y decidió irse de Reino Unido para instalarse en Oporto, Portugal.

Trabajando allí como profesora de inglés, conoce a quien meses más tarde se convertiría en su esposo. Al poco tiempo, sufre un aborto espontáneo, lo que desencadena serios problemas en la relación que, aunado a las infidelidades y el alcoholismo de su esposo, le generan una profunda depresión.

Ya con una hija y luego de un episodio de violencia física familiar, decide mudarse a Edimburgo, donde no tenía trabajo y se mantenía con la ayuda del Gobierno de ese país. Su situación llegó a ser tan precaria, que Joanne pensó en suicidarse... tenía 30 años.

Sobreponiéndose a estas situaciones y encontrando refugio en su hija y la escritura, cada tarde se instalaba en un pequeño café a continuar escribiendo aquella fascinante historia que había empezado varios años atrás. Finalmente, el libro estaba escrito, pero varias editoriales lo rechazaron por considerarlo una historia infantil difícil de vender. Posteriormente, consiguió quién le diera la oportunidad de publicar su texto, y así nació lo que más tarde sería la saga de Harry Potter. Actualmente, J.K. Rowling es la primera persona en ganar más de mil millones de dólares por escribir libros.

Te he querido presentar tres historias distintas. Tres personas. Tres campos. Un mismo ejemplo: la resiliencia y sus frutos. No se trata de insistir caprichosamente en situaciones que probablemente no te conduzcan a nada, se trata de tener plena confianza en ti mismo y el valor de tus ideas.

Sin embargo, como hemos venido hablando de emprendimientos y negocios, considero pertinente traerles alguna experiencia de resiliencia en el mundo empresarial.

El inventor británico e ingeniero de diseño industrial, James Dyson, tuvo que sortear varios obstáculos antes de lograr el prestigio de su producto. En palabras del mismo Dyson, su éxito se basó en la frustración: *"La frustración de ver cosas que han estado aquí durante años, haciendo bien su trabajo, pero no tan bien como podrían"*.

Después de 12 años y poco más de 5,100 intentos, finalmente logró la versión definitiva del producto que tanto esfuerzo le costó: una aspiradora eficiente, fácil de usar y con mucho estilo. Y no solo fueron estos años e intentos fallidos los que no pudieron vencer la motivación de James, sino que antes de esto, también había fracasado estrepitosamente con la invención y fabricación de una lavadora que apenas se vendió.

De este fracaso, siempre destacó el aprendizaje obtenido:

> *"Nos la pasamos muy bien con aquello. Simplemente pasó que no hicimos dinero, pero valió la pena. Hacer esa lavadora fue el error más maravillosamente educativo. El éxito no siempre es tan divertido como puedes pensar. Cuando algo es un éxito, los resultados están claros. El error es un enigma. Te preocupas por ello, y de ahí aprendes algo".*

Como en los casos de Walt Disney (Disney), Travis Kalanick (Uber), Nick Woodman (GoPro), entre otros, ser capaz de sobreponerte a las derrotas que, de seguro aparecerán en tu camino emprendedor, es parte de las experiencias que se deben convertir en aprendizaje.

Recuerda siempre la mágica frase de El Principito: *"es una locura odiar a todas las rosas solo porque una te pinchó. Renunciar a todos tus sueños solo porque uno de ellos no se cumplió".* Se resiliente y persevera si la convicción es tu guía.

CAPÍTULO IV

Considera.
No es obligatorio, ¡pero hazlo!

En este penúltimo capítulo he querido mencionar algunas consideraciones que deberás saber, comprender y ejecutar, pero que evidentemente no podrían formar parte de los temas señaladas anteriormente.

Pensemos, pues, que a continuación te dejo unas sugerencias de carácter general pero no por ello menos importantes.

¿Coach, mentor o psicólogo?

"Mejor que mil días de estudio diligente, es un día con un gran maestro"
Proverbio japonés

En este punto te diré algo no muy preciso, ni muy profesional. Esto es tan relativo, que quizás no debas necesitar alguno, quizás uno de estos tres, quizás dos de estos tres, o quizás los tres.

Como ya lo he mencionado a lo largo de este texto, no soy yo quién te dirá exactamente que necesitas o que apoyo buscar. Simplemente quiero dejar sentado que es posible, normal, e incluso necesario, la ayuda o guía de estos profesionales. Al final del día, eres tú, consciente de tus capacidades, quien valorará la necesidad de recurrir a ellos o no. Pero insisto, no te aflijas ni te sientas débil de ser así.

En el último capítulo definiré en que consiste cada una de estas disciplinas. Acá abordaremos sus principales diferencias y los beneficios que podrían traer a tu proyecto o idea de negocio.

Lo primero que debemos precisar, es el nombre que recibe cada una de las personas que participan en el proceso y la técnica, propiamente.

Quien lo ofrece	Acción / Técnica	Quien lo recibe
Coach	Coaching	Coacheado
Mentor	Mentoring	Mentorado
Psicólogo	Terapia	Paciente

Existen diferencias fundamentales entre un coach, un mentor y un psicólogo. Es por ello que a continuación destacaremos las principales distinciones en el ámbito que nos compete:

Coach
El coach ofrece el "servicio", pero el protagonismo lo lleva la persona coacheada.
Normalmente, la técnica se basa en la formulación de preguntas, del coach a la persona coacheada.
Es la persona coacheada quién debe conseguir sus propias respuestas en el proceso de descubrimiento de sus potencialidades.

Mentor
El protagonista es el mentor, quién es el poseedor de los conocimientos y la experiencia requerida por la persona mentorada.
La dinámica se basa en la formulación de pregunta por ambas partes; normalmente es el mentorado quien las hace.
El mentor actúa como consejero, como maestro.

Psicólogo
Se involucra más en el ámbito personal, las relaciones sociales y familiares del paciente, dejando un poco de lado las laborales.
Puede darse en cualquier momento, y no necesariamente sobre un proceso de preparación profesional y/o laboral.
El principal objetivo es el bienestar mental del paciente.

Hemos mencionado superficialmente las características de cada una de estas prácticas, que no son excluyentes y que, por el contrario, pueden ser incluso complementarias. Como verás, cada una de ellas puede aportar distinto valor no solo a tu emprendimiento, sino también a tu situación personal y social, lo cual no deja de ser importantísimo.

Dependerá de tus fortalezas y debilidades el saber en qué medida y momento acudir a cada una de estas técnicas. Por ejemplo, el coach pudiera representar una "solución" a un problema de enfoque, de descubrimiento de tus capacidades en un momento determinado, a corto plazo. No obstante, un proceso de *mentoring* pudiera aportar mayores beneficios a largo plazo, toda vez que el mentor actúa como un modelo a seguir gracias a toda la experiencia y conocimientos acumulados a través de una larga trayectoria, la cual deberá servir de inspiración.

Por su parte, el psicólogo cobra gran importancia cuando nos encontramos sometidos a grandes presiones, o cuando los roles asociados con el estatus de emprendedor empiezan a interferir con los roles asociados con otros estatus.

Cuando emprendemos, debemos considerar que es muy probable, y repito, incluso necesario, que requieras apoyo, guía y/o terapia, que nos permita batallar con cada una de las distintas y adversas situaciones que se presentarán en el camino. Estrés, ansiedad, depresión, pueden ser el resultado de la mezcla peligrosa entre frustraciones, preocupaciones y dificultades propias del proceso emprendedor.

En todo caso, y por si esto te llega a resultar muy preocupante, debes saber que es perfectamente normal que en determinado momento nos sintamos superados frente a una situación que, de momento, no sepamos abordar. No hay de qué preocuparse, los emprendedores no tienen que ser superhéroes, ni perfectos, ni sabelotodos. Somos simplemente personas arriesgadas, hambrientas de éxito y, en muchas ocasiones, impetuosas.

Quítale el diminutivo a tus oraciones.

Cuando te expreses de tus proyectos, de tu empresa, de tus objetivos, no les restes valor definiéndolos como "proyectico" o "empresita". Quizás parezca insignificante, pero psicológicamente produce un estado inconveniente tanto para ti, como para tu oyente.

Hablar en diminutivo, aparte de resultar chocante cuando es usado indiscriminadamente, se asocia con algo irrelevante, sin importancia, y es la última impresión que queremos dar de nuestra idea de negocio o empresa.

Esto lo entendí cuando cursaba el post grado en Ciencias Administrativas, en el año 2007. Recuerdo que mi primera empresa apenas iniciaba, y siempre nos correspondía hablar de nuestras experiencias laborales. En mi caso, solía hablar de las cosas que sucedían en mi "empresita". Comentaba sobre los "trabajitos" que hacía a los clientes, el "camioncito" que habíamos comprado, los "compañeritos" de trabajo, etcétera. Al finalizar cada intervención, un buen amigo me decía: *"no hables así, en diminutivo"*.

Por mucho tiempo tuve la idea de que sus observaciones eran producto de la necesidad de mantener la altura que merecíamos todos en aquel salón, pero un día le pregunté la razón de su insistencia. Recuerdo claramente sus palabras: *"¿Si tú hablas de tu "empresita", de tu "negocito", ¿cómo crees que te van a ver los demás? Es tu empresa –* me decía mientras inflaba el pecho *– y dilo con orgullo. Deja de estar restándole importancia a tu* *proyecto"*, concluyó. Nunca más salió de mi boca un *ito*.

Aprende sobre el negocio y el dinero. No dejes de hacerlo.

Es muy común dar por hecho que, como estamos en determinado negocio y poseemos experiencia, ya lo sabemos todo. Este error podría costarnos muy caro, literalmente.

En un mundo tan cambiante y en constante evolución, en ningún negocio está todo escrito. Desde las regulaciones legales hasta los avances tecnológicos, nos obligan a estar constantemente capacitándonos e informándonos. El conocimiento sobre dinero no es la excepción. Tal como lo señala Xavier Serbia, *"el dinero viene con instrucciones"*.

¿Cuántas historias hemos escuchado sobre personas que, después de haber ganado la lotería o de amasar grandes sumas de dinero en el deporte o el espectáculo, terminan en la misma situación (e incluso peor) que tenían antes de esa fortuna? Esto ocurre cuando no estamos educados en materia financiera, en el manejo de ese importante recurso como lo es el dinero.

Al respecto, George S. Clason, comenta en su libro El hombre más rico de Babilonia: *"¿Quién puede medir en sacos de oro la sabiduría? Sin sabiduría, aquellos que poseen oro lo pierden rápidamente, pero gracias a la sabiduría, aquellos que no tienen oro pueden conseguirlo"*

El dinero no compra la felicidad, claro está. Pero cuando escasea es motivo de múltiples angustias y preocupaciones. La gran mayoría de las personas que nos decidimos a incursionar en el emprendimiento, lo hacemos, entre otras cosas, por la motivación del dinero y todo lo que lleva implícito. Sería una pena que, teniendo la posibilidad de lograr la libertad financiera, un mal manejo del dinero o una deficiente asesoría en esta materia, nos llevara de vuelta a la estrechez económica o a la necesidad de un empleo tradicional.

Mi recomendación: aprender sobre el dinero: ahorro, inversiones, tasas de interés, instrumentos financieros, ventajas y desventajas, cuándo y qué comprar, dónde poner el dinero, cómo multiplicarlo legal y confiablemente, márgenes de rentabilidad versus tiempo, entre otras cosas.

Haz compras inteligentes. Si estas comprando barato algo que no necesitas, estas comprando caro.

Es simple: si no lo necesitas, no lo compres. Es países desarrollados es muy común la práctica de renovar constantemente los electrodomésticos, equipos electrónicos y muebles. La facilidad del acceso a ellos y la promoción constante de ofertas y ferias, nos ofrecen la posibilidad de comprar a crédito sin intereses, o a tasas de interés muy atractivas, por ejemplo.

Pensemos por un momento en *El Buen Fin,* el *Hot Sale,* la *Venta Nocturna* o el *Black Friday*, eventos organizados por las autoridades de los países conjuntamente con las cámaras que agrupan al sector empresarial. Si bien es cierto que estos mecanismos de comercialización masiva mueven miles de millones de dólares en pocos días, en beneficio de la economía y el empleo (formal e informal, directo e indirecto), no es menos cierto que estos eventos se han convertido en la oportunidad de adquirir bienes y servicios que, realmente, no necesitamos.

Pensemos, además, en los llamados *gastos hormiga*. La bebida de media mañana en el café de moda, la cena frecuente en nuestro restaurant favorito, la tentación que supone la facilidad de comprar a domicilio casi cualquier cosa y esos otros "pequeños" gastos que, a final de cuentas, se traducen en una fuga importante de dinero.

Solo te pido que seas sincero y precavido con el uso que le das a tu dinero día a día, y más aún cuando te encuentras en un proceso de emprendimiento. Varias veces he leído sobre un eficaz ejercicio que nos puede ayudar a tomar la decisión frente a cada compra: piensa en las horas de trabajo que debes acumular para reponer ese dinero. Es decir, no pienses solo en la cantidad de dinero como un número, sino piensa en términos de: *¿cuántas horas de trabajo me cuesta ese teléfono? ¿qué porcentaje de mi ganancia mensual representa esa pantalla? ¿cuántos libros pude haber comprado con todos los cafés que tomé este mes?* Recuerda, si compras barato algo que no necesitas, estás comprando caro.

Aprende a invertir y reinvertir.

Al igual que varios de los otros temas tocados en este texto, hablar de inversión y reinversión es algo delicado.

Reinvertir en el negocio es una forma excelente (o quizá deba decir, la única) para hacerlo crecer y hacer de él una empresa cada vez más sólida. Sin embargo, debo advertirte que, en algún punto, el rendimiento de tu emprendimiento superará los números necesarios para reinvertirlos en el mismo negocio, dicho de otra manera, tendrás en tu bolsillo más dinero del que necesitas para inyectarle a tu empresa y su crecimiento.

No poner todos los huevos en la misma canasta es una premisa inteligente para quienes no desean correr el riesgo de apostarle todo a una sola fuente de ingresos, y es por eso que voy a permitirme darte algunas recomendaciones en este sentido.

Lo primero que tienes que considerar, es que no todas las inversiones funcionan igual para cada persona. Invertir en negocios que no dominas o cuyos márgenes de rentabilidad son muy sensibles y volátiles, no sería algo que yo recomendaría, salvo que recibas apoyo de un asesor financiero.

Algunas opciones estables que podrás valorar para invertir tu dinero y diversificar tu fuente de ingresos, son:

- **Depósitos en banca privada a largo plazo.** Los depósitos a mediano y largo plazo en bancos privados, ofrecen un rendimiento de entre el 4% y 6% anual, y cuentan con el respaldo de la institución financiera que, a su vez, posee el respaldo de entes gubernamentales que regulan su funcionamiento y garantizan la transparencia de sus operaciones. El procedimiento es tan sencillo como comunicarle a algún ejecutivo del banco que deseas poner a plazo cierta cantidad de dinero, y éste te indicara las condiciones para hacer efectiva tal solicitud. Si bien el rendimiento no es muy alto, es una manera rápida, fácil y efectiva de sacarle provecho a tu dinero. Además, te permitirá acceder a otros beneficios bancarios (créditos, pólizas de seguro, tarjetas de crédito, etcétera) que seguramente podrás aprovechar responsablemente.

- **Compra de obras de arte.** Particularmente, soy estudioso de este tema y coleccionista amateur, y hasta la fecha no he sabido de la primera obra de arte que pierda su valor, a menos que sea una falsificación. El mercado de obras de arte se ha democratizado cada vez más, siendo atractivo y accesible a la población de clase media y dejando atrás la tradición de que era un mercado al que solo accedían las personas con grandes fortunas. El arte es muy subjetivo, y su valor también. Procura conocer la trayectoria de cada artista, la calidad de sus obras y opta solo por aquellas obras cuya autoría estén avaladas por un certificado. En muchos países existen casas de subastas y remates donde pueden hallarse interesantes obras a costos realmente atractivos.

- **Compra de certificados al Estado.** En países con economías estables, y no hablo de grandes potencias o países del primer mundo, es muy común que se ofrezcan a la venta diversos instrumentos financieros con la finalidad de oxigenar cierta área de la economía en determinado momento. En México, por ejemplo, existe la figura de los CETES (Certificados de la Tesorería de la Federación) que se emiten con regularidad desde 1978 y se ofrecen a plazos muy cortos, incluso. Su rendimiento anual va desde el 6% hasta el 8%. El respaldo son las reservas del Estado. Seguramente, en la mayoría de los países existen estas formas de inversión por parte del Estado, las cuales buscan fomentar el ahorro entre sus habitantes además de generar confianza jurídica, fiscal y económica en la población.

- **Compra de bienes inmuebles.** Siete de cada diez personas que poseen ingresos altos o fortunas considerables, han estado, están o estarán en el negocio de los bienes raíces. Es un giro regularmente estable y al que se le puede sacar rendimiento con relativa facilidad. Comprar propiedades en remates bancarios para luego revender, comprar casas o apartamentos para remodelar y luego poner a la venta, comprar locales comerciales u oficinas y rentarlas, son algunas buenas ideas. Además, existen fondos de inversión que se encargan de conectar a inversionistas con desarrolladores y te garantizan un rendimiento al finalizar la obra, por ejemplo.

- **Compra y venta de acciones.** De todas estas sugerencias de inversión, esta es probablemente la forma más riesgosa. Sin embargo, puede ser muy lucrativa si hablamos de inversiones de oportunidad, por ejemplo, y bajo la ayuda de un profesional. Las ventajas que ofrece este tipo de práctica, son: 1) posibilidad de tener la disponibilidad del dinero (capital más utilidad) de forma rápida; 2) capacidad de invertir en distintas monedas (incluso virtuales) y por diversos montos; y 3) con la asesoría de un especialista financiero, podrías obtener interesantes rendimientos. Cuando hablo de inversiones de oportunidad, me refiero a esa compra y venta de acciones que se da en un lapso de tiempo muy corto (horas o días) y que te permite obtener una ganancia importante por comprar barato y vender luego más caro. Con una correcta y acertada lectura de los mercados bursátiles y el acontecer mundial, mucha gente hace este tipo de negocios. La otra manera, más tradicional si pudiéramos llamarla así, simplemente se trata de comprar acciones y obtener un rendimiento de forma mensual o anual. Siempre apostándoles a empresas grandes y sólidas.

A manera de dato curioso, bien vale la pena mencionar lo que recientemente ocurrió con las acciones de la compañía Eastman Kodak Company, mundialmente conocida simplemente como Kodak.

A mediados del año 2020, y luego de una década de problemas económicos producto de las nuevas tecnologías y la entrada de diversas y más poderosas marcas, Kodak logró lo impensable. Al recibir un préstamo de 765 millones de dólares por parte del gobierno de Estados Unidos para fabricar productos y componentes farmacéuticos, las acciones de la compañía pasaron de valer 2,62 dólares, a poco más de 42 dólares cada acción. Todo esto, en 72 horas. Eso significa que, si una persona hubiera invertido 10.000 dólares en acciones de Kodak, el día lunes, para el jueves ya tendría algo más de 160,000 dólares. Cabe destacar que pocos negocios lícitos son capaces de dar este tipo de rendimiento. Y si bien es cierto que se trató de un hecho fortuito, seguramente algunos astutos inversionistas lograron hacer esta lucrativa maniobra.

Invertir en esos campos (salvo este último) no requiere de un conocimiento profundo, y con la simple pero detallada asesoría de un intermediario calificado, será suficiente para tomar decisiones acertadas. Son inversiones que no demandan mucho tiempo para su evaluación constante, porque incluso la administración y el manejo de tus inmuebles, podrás delegárselo a un tercero, por mencionar un ejemplo.

La inversión, desde un punto de vista, también es una forma de ahorro. Poder contar con activos de valor, y tener acceso a liquidez como producto de esas distintas inversiones (rendimiento), podría ser la tabla de salvación en momentos de crisis. Sobre el ahorro y la inversión, te sugiero leer el libro *"El hombre más rico de Babilonia"*, de George S. Clason.

Conoce algunas fórmulas.

Sueños sin acción = decepción
Ambición + Desinformación + Riesgos = Imprudencia
Ambición + Información + Riesgos = Éxito

En alguna oportunidad le escuché a un reconocido inversor, plantear estos tres escenarios. Si bien pueden ser aplicados a cualquier ámbito de nuestra vida, vale la pena destacarlo cuando hablamos de emprendimiento.

Mantener sueños vivos en nuestra mente, sin procurar hacer algo que nos conduzca a la materialización de esos sueños, terminará causándonos una profunda decepción personal. Ocurre con mucha frecuencia que nos autoculpamos de nuestros fracasos, cuando ni siquiera hemos hecho el mínimo esfuerzo por intentar dar los primeros pasos.

Nuestra mente tiene la mágica facultad de hacernos imaginar las situaciones más increíbles y posibles, y la misma mente es la que nos dibuja cada limitación para luego hacernos sentir fracasados.

Poner en marcha nuestros planes de crecimiento personal y económico, son sinónimo de ambición. Sin embargo, caminar en esa dirección supone la necesidad de asumir algunos riesgos, que si van precedidos por la falta de información necesaria, creará la tormenta perfecta para conducirte por un sendero de incertidumbre. Lejos de hacerte sentir victorioso o perdedor, te hará lucir como un imprudente.

Finalmente, la fórmula de éxito: ambición + información + riesgos. Deja que tu mente sea capaz de recrear todo el éxito personal, profesional y económico que esté a tu alcance, que será del tamaño de toda tu ambición y dentro de tus posibilidades. Seguidamente, disponte a consumir toda la información y contenido de valor que te conduzca a prepararte lo más y mejor posible en esa área, y eso incrementará considerablemente tus posibilidades de salir airoso de todos los riegos que, obviamente, vendrán a toda velocidad directo hacia ti.

Sobre qué vender y con quién trabajar.

Charlie Munger, inversor y filántropo estadounidense, nos deja entre otras tantas frases de su autoría, estas dos premisas que, sin duda, deben formar parte de este listado.

1. *Nunca vendas algo que tú no comprarías.* Difícilmente podrás convencer a alguien de adquirir un producto o servicio que tú, personalmente, no uses o no hayas probado. La seguridad de saber la calidad y el valor de lo que ofreces, tendrá un gran peso a la hora de convencer a un posible cliente. Esa seguridad la tendrás únicamente al consumir o usar el producto o servicio que estás tratando de colocar.

Muchas grandes empresas, sobre todo las fabricantes de productos de consumo masivo, obligan a sus trabajadores a consumir solo los productos que ellos ofrecen, y de ninguna manera, los de la competencia. Es una forma bastante efectiva para demostrar confianza ante su público.

Recordemos, por mencionar un ejemplo, el contrato que tenía el futbolista brasileño Ronaldinho Gaúcho con Coca Cola. Este contrato representaba aproximadamente unos 742,000 dólares anuales por publicidad. En junio de 2012, el astro del fútbol apareció en rueda de prensa junto a una lata de Pepsi, lo que inmediatamente representó una ofensa para la marca patrocinadora. *¿Cómo crees que sería interpretado el mensaje, de que Ronaldinho pedía comprar Coca Cola, pero el consumía Pepsi?*

Otro ejemplo, a una menor escala, es sobre mi experiencia. Como ya he mencionado, mi primer emprendimiento terminó siendo la venta de equipos de seguridad industrial y la confección de uniformes de trabajo. Yo, que siempre he sido fiel creyente de los uniformes y la imagen corporativa, cada día me vestía usando el mismo tipo de ropa que el resto de los miembros del equipo. Camisas elaboradas por nosotros (nuestra marca, Intex), las botas de seguridad que nosotros vendíamos (marca Fion) e incluso hasta los mismos lentes oscuros que comercializábamos (3M Sportboas). Además, todas nuestras camisas llevaban los logos de las marcas que vendíamos, en el pecho y en las mangas. Era una sencilla manera de decirle a nuestros clientes: *esto que nosotros vendemos, es lo mejor. Yo lo uso.*

2. **No trabajes con alguien que no admiras o respetas, trabaja solo con personas que te agraden.** El éxito del equipo, y por ende del negocio, pasa por trabajar bajo un clima de

cordialidad, colaboración y respeto. El diseñar estrategias, elaborar planes y hacer seguimiento del logro de los objetivos, requiere de un alto nivel de compromiso por parte de todos. Esto solo se logra trabajando con personas que aporten valor al negocio.

Pensar que, por ser el emprendedor y líder del equipo, somos los únicos capaces de mantener la rueda en movimiento, es un error. Es coartar la posibilidad de enriquecer el proyecto con nuevas ideas y perspectivas, y limitar a una sola visión su existencia.

Muchas de las grandes ideas de productos y servicios que existen actualmente, son el reflejo de un trabajo colaborativo entre los miembros del equipo. Pensar, desarrollar y mejorar una propuesta, es un desafío que solo puede lograrse dando cabida al talento que puede aportar cada individuo, en pro de un fin común: el éxito del negocio.

Haz alianzas estratégicas.

Desde siempre han existido grandes rivalidades entre empresas del mismo giro. Las ganas de monopolizar el mercado y sacar ventaja publicitaria de esto, ha dado origen a una lucha voraz y sin cuartel entre las corporaciones.

Pensemos en marcas que son conocidas, entre otras cosas, por su eterna rivalidad. Coca Cola y Pepsi, Apple y Samsung, Nike y Adidas, McDonald`s y Burger King, entre muchas otras. Rivalidades que, si bien es cierto han logrado la fidelización de sus clientes, dudo que se traduzcan en un cambio de gustos por parte del público. Es decir, a estas alturas, una persona que tenga preferencia por tal o cual marca, difícilmente podrá cambiar de opinión por la mala publicidad que reciba por parte de su competencia. Al final, y como en todo, cada quien es libre de escoger según sus gustos, preferencias e intereses, y dudo que esa percepción se vea alterada por una rivalidad.

Evidentemente son experiencias que han tenido que darse. En su afán por no perder un espacio ya ganado en el mercado, muchas empresas echan mano de cualquier estrategia para evitar tener que repartir su mercado con un contrincante. Sin embargo, esas mismas experiencias han demostrado que:

1. Hay cabida para muchas opciones, en virtud de las diferencias culturales, sociales, económicas, etcétera, que existen a lo largo y ancho del mundo.
2. La existencia de una variedad de opciones, obliga a la constante mejora de los productos y servicios ofrecidos.
3. La competencia favorece la oferta y demanda, y con ello, la variedad de precios y un mayor espectro de clientes potenciales.

Quisiera comentarles una experiencia que viví de cerca. Una persona conocida trabaja en bienes raíces, y por fortuna, desde que se inició en ese lucrativo mundo lo hizo por la puerta grande. Logró que una prestigiosa inmobiliaria le diera la oportunidad. Una trayectoria de más de 30 años, un equipo de trabajo calificado y la cartera más grande de propiedades en un fraccionamiento de lujo, le aseguraban un buen futuro en el giro.

Todo ese *background*, unido a que por mucho tiempo durante sus inicios fue la única inmobiliaria de la zona, le dieron una importante ventaja. Cuando empezaron a aparecer los nuevos competidores, la estrategia fue clara: no darle oportunidad y evitar, en lo posible, que ofrecieran sus servicios en la zona.

Como es de esperarse, no funcionó. Las inmobiliarias nacientes en su afán por lograr un pedazo del pastel, ofrecieron nuevos servicios a los clientes, ofrecieron menores tasas y honorarios y pasó lo inevitable. Así, empezaron a aparecer otros anuncios en las casas y departamentos del fraccionamiento.

En la actualidad existen más de 6 o 7 inmobiliarias en la zona, pero la que les refiero sigue coronándose como la más grande y fuerte. Entendieron, primero: que no pueden evitar el nacimiento de nuevos proyectos. Segundo: que desde el momento en que entiendes eso, debes procurar hacer alianzas y lograr una convivencia cordial con la competencia, en beneficio de ambas partes.

Para quienes no conocen el funcionamiento del sector inmobiliario, en ocasiones una agencia tiene el cliente, y otra agencia tiene la propiedad, por lo que el trabajo compartido es necesario.

Sin embargo, aún quedan heridas que el paso de los años no ha podido curar, y algunas decisiones de hace más de una década, aún imposibilita que pueda hacerse algunos negocios con dos o tres agencias.

Cuando tienes un buen producto y ofreces un excelente servicio, no debes temer a la competencia. Entiende que la competencia sana es necesaria, y que incluso puedes sacar ventaja de eso. Alianzas inteligentes con empresas del mismo giro, o giro relacionado, pueden traducirse en:

- Mejor y mayores canales de distribución.
- Apoyo en momentos de crisis.
- Mayor rango de acción (potenciales clientes)
- Mejores y atractivas promociones.
- Ganancias compartidas.

Más vale un poco de algo que todo de nada, ¿no crees?

Aprende a convivir con los problemas.

Emprender no significa librarte de los problemas de un empleado. No significa no lidiar más con compañeros de trabajo molestos, jefes intolerantes y horarios explotadores. Se trata, en resumidas cuentas, de cambiar unos problemas por otros.

Al emprender, nos decidimos a adquirir responsabilidades que incluso van más allá del ámbito personal. Si observamos el panorama desde arriba, notamos que legalmente adquirimos un importante compromiso, al pasar a ser los responsables de nuestro equipo de trabajo, por ejemplo. Y no me refiero solo a su seguridad física y mental (que sí, en parte pasa a ser nuestro asunto), sino también que indirectamente nos hacemos responsables de las acciones u omisiones en las que incurran frente a terceros, en nombre de la empresa que representan.

Pasamos a tener, además, un compromiso fiscal. Frente al Estado (local, regional y nacionalmente) nos hacemos responsable del cumplimiento de toda la normativa que regula el funcionamiento empresarial, y de las consecuencias penales, civiles y administrativas que conllevaría su incumplimiento.

Adquirimos también un compromiso social. Directamente, frente a las familias que dependen de cada uno de los miembros del equipo de trabajo. Indirectamente, frente a aquellas que, por añadidura, se benefician laboralmente de nuestro trabajo o a través del pago de nuestros impuestos.

En fin, todas y cada una de estas situaciones y responsabilidades (que evidentemente no tendrías como empleado) pasarán a formar parte de tu día a día, y muy probablemente, vendrán con algún que otro problemita. Nada que no puedas resolver, no te preocupes de más.

Distingue lo importante. Aprende a decir NO.

En algunos países latinos existe una característica cultural que consiste en la dificultad para decir *no* ante ciertas solicitudes e invitaciones. Bien sea por pena, miedo al rechazo, presión o incomodidad social, es una situación que bien podría generarnos algunos problemas y, sobre todo, un mal uso del recurso más valioso e irrecuperable que tenemos: el tiempo.

Recientemente investigaba sobre temas asociados con el emprendimiento, y me encontré con algunas referencias del libro de Greg McKeown: *Essentialism: The Disciplined Pursuit of Less* (*Esencialismo: Logra el máximo de resultados con el mínimo de esfuerzos*) originalmente publicado en inglés, en el año 2014. Curiosamente, entendí la relación casi perfecta que hay entre saber distinguir lo importante, aprender a decir no y el beneficio que esta postura puede dar a nuestra existencia, tanto a nivel personal como a nivel profesional, incluyendo el emprendimiento.

La idea que plantea el autor, de la cual me hago eco y espero expresar acá de forma fidedigna, parte del hecho de que debemos *vivir por diseño, no por defecto*. Hablar de *vivir por diseño* consiste en planear cada aspecto de nuestra vida según nuestras motivaciones e intereses, significa vivir según lo que queremos y lo que no queremos. Las personas que *viven por defecto* se limitan a llevar rutinas, a vivir según los patrones socialmente aceptados y esperados.

McKeown señala que debemos saber discernir lo que verdaderamente importa, y decirle no a todo aquello que no lo sea. Para ello, recomienda tamizar cada situación siguiendo los siguientes pasos:

- *Explorar y evaluar* cada circunstancia y determinar su importancia para nuestra vida o proyecto.

- *Eliminar* actividades (e incluso personas) que no son esenciales para tal fin.
- *Ejecutar* las actividades que sean indispensables y necesarias para tu proyecto de vida.

Todas estas acciones están orientadas a poder hacer menos, pero mejor, y conseguir así el máximo provecho de nuestro tiempo, ¿y por qué no? de nuestro emprendimiento.

A propósito de esto, Peter Drucker, el padre del pensamiento administrativo moderno, plantea que *"las personas son eficaces porque dicen no"*.

En el mencionado libro, se cita textualmente la respuesta que Drucker le daría a Mihaly Csikszentmihalyi, escritor húngaro que tuvo interés en entrevistarlo a propósito de su creatividad. Y dice:

> *"Me siento muy honrado y halagado por la amable carta que me envió el 14 de febrero, ya que he sido admirador suyo y de su trabajo durante muchos años y he aprendido mucho de él. Sin embargo, mi querido profesor Csikszentmihalyi, me temo que tendré que decepcionarlo. No sería capaz de responder sus preguntas. Dicen que soy creativo... no sé qué significa eso... Simplemente no dejo de esforzarme... Espero que no piense que soy atrevido ni grosero si le digo que uno de los secretos de la productividad (algo en lo que creo, mientras que no creo en la creatividad) es tener un bote de basura muy grande para poner todas las*

invitaciones como la suya... En mi experiencia, la productividad consiste en no hacer nada que contribuya al trabajo de otras personas y, más bien, pasar el tiempo haciendo el trabajo para el que Dios nos creó y hacerlo bien".

La enseñanza que nos deja este planteamiento es el compromiso que tenemos con nosotros mismos de saber *diseñar* la vida que queremos vivir (emprendimiento incluido, si has llegado hasta acá). Partiendo de eso, debemos saber quedarnos con lo importante para el logro de esa vida, aun cuando eso implique decir **no** con frecuencia y a personas cercanas. Ve por lo importante, haz lo esencial para ti y tu emprendimiento.

Aléjate de negocios que no conozcas.

Cuando me vine a México, llegué con la ilusión y la firme convicción de poder lograr todo, y hasta más, de lo que había logrado en Venezuela. En mi mente, era suficiente la experiencia acumulada y solo se trataba de conocer las leyes locales y hacerme poco a poco de nuevos contactos. No puede ser más difícil, pensé. Tengo las mismas ganas y el mismo talento, que me vendrán muy bien para cualquier idea que decida poner en marcha.

Mi primer emprendimiento en México consistió en algo que minimizaba considerablemente mi riesgo, comprar una franquicia. Me brindaba el respaldo de una marca, me proveía de toda la mercancía necesaria, me asesoraban, me indicaban que características debía conservar mi local y hasta el orden en que debía ubicar cada producto en los anaqueles. Solo me faltó considerar un único aspecto: yo no tenía ni remota idea, ni experiencia de cómo funcionaba el giro de ventas al menudeo de productos varios, a clientes de estrato bajo.

La emoción de iniciar una nueva aventura, rápidamente comenzó a convertirse en un dolor de cabeza. Desconocía el nombre local de muchos productos, aún se me dificultaba hacer la conversión de dólares a pesos, empezaba a salirse de control el tema contable y fiscal, detallaba y clasificaba mal los productos en las facturas, etcétera.

Mi investigación de mercado también falló. Recuerdo que me indicaron hacer un registro durante varios días, y a distintos horarios, sobre la cantidad de personas que transitaban frente al local, para determinar la viabilidad del negocio en esa ubicación. Al terminar los registros de una semana, pensé que eran decenas de personas que pasaban por el lugar... tarde descubrí que eran las mismas 20 personas, pasando decenas de veces. Vecinos que iban y venían, despachadores, vendedores de comercios cercanos, en fin.

El desconocimiento del giro definitivamente fue la razón por la que constantemente cometía errores, que poco a poco me fueron arrinconando a una decisión que desde un comienzo parecía inevitable. El emprendimiento fracaso.

Como mi experiencia, seguramente hallaremos muchas. La emoción por un nuevo proyecto, la ingenuidad o el simple hecho de pensar que tal o cual negocio puede ser lucrativo, probablemente nos hará tomar decisiones desacertadas sobre el giro en el que queremos incursionar. Detenernos a pensar objetivamente sobre nuestro nivel de conocimiento y dominio en determinado giro, minimizará considerablemente nuestras probabilidades de fracaso, con la ganancia de tiempo, dinero y energía que eso conlleva.

De ser posible, haz las juntas o reuniones de trabajo al aire libre.

Recientemente leí un artículo sobre esta práctica que cada vez gana más terreno en las grandes empresas. Parece obvio, pero más que eso, hay estudios que definitivamente demuestran los beneficios que deja el realizar las juntas y reuniones de trabajo al aire libre.

Se ha comprobado que las reuniones tradicionales, en un espacio cerrado, donde las miradas se encuentran prácticamente frente a frente y donde todos están bajo las instrucciones de un jefe o líder que habla, genera tensión en los miembros del equipo. Además, la postura que normalmente se adopta (sentados alrededor de la mesa) da una sensación de sumisión o dependencia frente al que habla. Todo esto, sin mencionar que algunas reuniones suelen durar más de 30 o 45 minutos, lo cual es totalmente impráctico.

Desarrollar reuniones al aire libre, caminando, aporta grandes beneficios a la salud física y mental de tus compañeros de equipo, lo que también se traduce en reuniones más efectivas, cortas y estimulantes. Entre los beneficios directos, encontramos:

- Permite descargar toda la tensión acumulada en distintos puntos del cuerpo, producto de los largos períodos que pasamos en determinada postura mientras trabajamos (bien sea de pie o sentados).

- Permite romper la barrera jerárquica, toda vez que el encuentro es más cercano, relajado y amigable.

- El caminar equivale a practicar una actividad deportiva de mediano rendimiento, lo que a su vez se traduce en beneficios propios de este tipo de prácticas, como son: disminuye los niveles de estrés, mejora la función cognitiva del cerebro y estimula la producción de endorfinas.

Además, y como último beneficio directo, si consideramos que estas caminatas al aire libre pueden hacerse bajo la luz del sol (de la mañana o de la tarde) agregamos entonces otra serie de bondades no menos importantes.

- La luz solar estimula la producción de serotonina, un neurotransmisor relacionado con la sensación de bienestar. Es por ello que en días nublados o lluviosos, manifestamos un estado de decaimiento que buscamos mejorar a través del consumo de otros estimulantes, como el chocolate.

- La serotonina interviene igualmente en la regulación del sueño y la temperatura corporal.

- El sol es capaz de aumentar la cantidad de glóbulos blanco o linfocitos en nuestro organismo, células responsables de la primera línea de defensa frente a las infecciones.

- La luz solar estimula la producción de vitamina D de forma natural, la cual es muy importante en el proceso de mineralización de los huesos y la absorción del calcio.

En definitiva, todos estos beneficios se reflejan en un equipo de trabajo más creativo, más sano, con mayor concentración, mejor capacidad de análisis y menor resistencia frente a las próximas reuniones.

Esta práctica se pudiera extender incluso más allá de las reuniones con nuestro propio equipo de trabajo, y ser propuesta como opción al momento de reunirnos con clientes, proveedores y demás relacionados, siempre que la situación, el momento y el lugar lo permitan.

CAPÍTULO V

Otras cosas que debes saber:
¡No dejes de aprender!

Términos claves necesarios

En un emprendimiento, como en cualquier otra área profesional, es necesario manejar ciertos términos y tecnicismos que permitan entender, manejar y transmitir con precisión ideas y conceptos relacionados con esta práctica. Demostrar no solo conocimiento en el área, sino lograr una conexión eficaz con el oyente (quien probablemente también sea un conocedor del tema) es fundamental para lograr interesantes acuerdos. La mayoría de los términos descritos a continuación, son anglicismos.

El uso de la terminología correcta nos va a permitir tener una expresión oral y escrita acorde con la imagen que queremos proyectar, como emprendedor y como experto en cierta área, producto o servicio. Algunos de estos términos aparecen mencionados en este texto, mientras otros seguramente llegarás a emplearlos en su momento.

Benchmarking. El *benchmarking* es un proceso en el que una empresa estudia los procesos de una empresa exitosa, los compara con los propios y luego implementa las mejoras necesarias para, de alguna manera, replicar esa práctica exitosa probada.

Blog Puede ser definido como una bitácora o diario digital, donde se documenta y registra opiniones o experiencias sobre algún tema en particular, dominado por el autor o los autores. Normalmente, el *blog* permite recibir comentarios de los lectores. Para un emprendedor resulta un medio eficaz para dejar constancia de sus experiencias, opiniones o conocimientos.

Born global companies. También llamadas *"compañías con nacimiento global"*, se refiere a aquellas empresas que, desde su nacimiento, o a poco tiempo de éste, ya empiezan a operar en el mercado internacional. Normalmente, por ser empresas en nacimiento, poseen recursos financieros, logísticos y materiales limitados, de modo que la gestión suele ser muy "vigilada".

Brainstorming. Lluvia de ideas o tormenta de ideas, es una práctica grupal que, correctamente desarrollada, permite el surgimiento de nuevas y originales ideas con respecto a un tema o problema, valiéndose de la creatividad e ingenio de todos los involucrados.

Branding. El *branding* puede definirse como el proceso a través del cual se desarrolla una serie de atributos y valores alrededor de una marca, con la finalidad de darle valor a esa marca y que esto constituya el elemento diferenciador.

Break even. También conocido como punto de equilibrio. En economía, hace referencia al punto donde coinciden los ingresos con los gastos del negocio, es decir, el punto muerto donde no se obtiene utilidad, pero tampoco se genera pérdida. A partir de este punto, lo obtenido es ganancia o rentabilidad.

Business angel. Literalmente, un ángel inversor. Se refiere a aquella persona (normalmente de negocios) que dispone de sus recursos económicos propios para financiar un proyecto o idea de negocios naciente. Generalmente, esta inyección de capital o financiamiento se da a cambio de alguna participación accionaria. Normalmente, esta persona también aporta sus conocimientos en materia empresarial o de algún otro tipo que pudiera ser de interés para el proyecto o la idea.

Business plan. Es complicado definir el plan de negocios brevemente, ya que abarca características, objetivos y etapas que forman parte de su propio concepto. Sin embargo, diré que este plan es el documento digital o físico, donde se establecen los principales lineamientos que norman nuestra idea de negocios.

El plan de negocios debe ser elaborado por el o los involucrados en el proyecto, y desarrollarse de forma tan completa y precisa, que pueda ser entendido por un empleado, un inversionista, un proveedor y los mismos socios. Contiene, entre otras cosas, cuáles son los objetivos del negocio; a dónde se quiere llegar y en cuánto tiempo; qué se necesita para ello en términos de recursos económicos, logísticos, operativos, maquinarias y equipo de trabajo, etcétera.

Cash flow. O flujo de caja. Es la diferencia entre lo que entra y lo que sale de la empresa (en términos de dinero) en un período determinado. El *cash flow* nos va a permitir determinar: liquidez, rentabilidad, crecimiento, etc., en base a lo cual se pueden tomar decisiones con respecto a inversiones, cambio de planes, definición de estrategias, entre otras.

CEO (Chief Executive Officer). Literalmente *"Oficial Ejecutivo en Jefe"*. Suele definirse como Director Ejecutivo, y hace referencia a la persona con la más alta responsabilidad gerencial y administrativa dentro de una empresa. En empresas pequeñas y medianas, puede ser el mismo propietario quien ejerza esta función de CEO, no obstante, en empresas grandes estas responsabilidades (propietario y Director Ejecutivo) suelen estar separadas.

CFO *(Chief Financial Officer).* Literalmente "Oficial Financiero en Jefe". También llamado Director de Finanzas. Como su nombre lo indica, es el responsable de llevar el área financiera y contable de la organización. Tiene la capacidad de planificar y ejecutar en base a la información que maneja.

CIO *(Chief Information Officer).* Literalmente "Oficial de Información en Jefe". Básicamente es la persona responsable de la transmisión eficaz y oportuna de toda la información, en todos los niveles, relacionada con los planes de la empresa, las actividades y la cultura organizacional. Para ello, es preciso que desempeñe funciones administrativas y operativas (planificar, elaborar, coordinar, ejecutar y controlar)

Community Manager. Persona encarga de manejar y gestionar las redes sociales de la empresa o negocio. Debe poseer ciertas habilidades y conocimientos, que le permitan que dicho manejo sea efectivo y se logren los objetivos propios de estas gestiones.

CMO *(Chief Marketing Officer).* Literalmente "Oficial de Mercadeo en Jefe", y es quien maneja todo lo relacionado con el mercadeo/*marketing* de la organización. Normalmente, interviene en las operaciones de ventas, desarrollo de productos, canales de distribución, mercadotecnia, publicidad, promociones, investigación de mercados, relaciones públicas y servicio al cliente, en base a lo cual planifica y propone acciones.

Coach. Básicamente se refiere a aquella persona que por sus conocimientos, experiencia y habilidades para comunicar sobre determinado tema, se encarga de guiar, orientar y capacitar a una persona o grupo con el fin de desarrollar al máximo su capacidad para conseguir determinados resultados. Es importante destacar que el *coach* no participa directamente en la consecución del logro, sino que apoya y dirige.

Coaching. Se refiere al proceso a través del cual el *coach* o entrenador emplea diversas herramientas que permitirán el máximo desarrollo de la persona "coacheada", tanto a nivel personal como profesional, resultando en una importante transformación de la persona.

COO (Chief Operating Officer). Literalmente "Oficial de Operaciones en Jefe". En términos sencillos, es quien reporta al CEO o a la Junta de Directores. Se encarga de dirigir y coordinar la parte operativa del negocio.

Coworking. Su traducción más exacta es "cotrabajo" o "trabajo cooperativo". Hace mención al hecho de compartir un espacio físico de trabajo con otros profesionales o emprendedores, de modo que los costos de mantenimiento y los costos operativos sean compartidos, así representan una menor la carga económica para cada ocupante. Suelen recurrir al *coworking* los emprendedores que se inician o profesionales que, por la naturaleza de sus actividades, no necesitan grandes espacios físicos con permanencias largas en tales espacios.

Consorcio. Al hablar de consorcio nos referimos a la práctica en la que un grupo de empresas se reúnen y acuerdan asociarse a través de una nueva sociedad (y en la que todas forman parte) para desarrollar un proyecto en forma conjunta.

Copywriting. Aunque en algunas definiciones aparece descrito como un acto o una ocupación, prefiero definirlo como el arte o la habilidad para escribir textos con intención publicitaria y de comercialización, para lo cual debe poseerse ciertas destrezas para escribir de forma persuasiva cualquier tipo de texto que enganche la atención de los posibles clientes, para que te sigan en alguna red social, soliciten información, contraten el servicio o compren el producto.

Crecimiento orgánico. En el mundo empresarial, hace referencia al crecimiento de un emprendimiento que arranca desde cero, sin patrocinio, sin una gran red de contactos y sin un gran capital. En términos prácticos, es el crecimiento de los nuevos emprendimientos que se da poco a poco, construyéndose sobre el esfuerzo del equipo fundador y, normalmente, en base al ensayo y error.

Crowdfunding. Derivado de la combinación de las palabras *crowd* (multitud) y *funding* (financiamiento), hace referencia al financiamiento colectivo del que se valen algunos proyectos o emprendimientos para captar fondos de varios inversionistas, desde cualquier parte del mundo y en cualquier proporción, aporte que se hace a manera de préstamo que debe ser reintegrado en condiciones previamente fijadas por las partes.

Crowdlending. Al igual que el *crowdfunding,* es un tipo de financiamiento colectivo que sirve para echar a andar o inyectar capital a un proyecto o emprendimiento ya iniciado. La diferencia entre el *crowdfunding* y el *crowdlending,* es que en el primero los inversores hacen su aporte a cambio de una participación accionaria, mientras que en el segundo el aporte funciona como un tipo de préstamo que debe ser reintegrado al inversor con intereses previamente fijados.

Disrupción. Este término ha ido ganando popularidad en el mundo empresarial para referirse a un proceso de transformación rápido y brusco que rompe con las pautas tradicionales de funcionamiento de la organización o del mercado. Por ejemplo, un producto o servicio novedoso, una nueva forma de relacionarse con sus clientes, una manera diferente y original de llevar a cabo ciertas funciones.

E-learning. El *e-learnig* o *electronic learning*, hace referencia al aprendizaje que se da en línea, mediante internet y a través de diversas plataformas.

Elevator pitch o elevator speech. "Discurso del o en el ascensor". Es una técnica usada normalmente para presentar de forma breve, precisa y convincente, un proyecto o idea de negocios. El término deriva de la rapidez y precisión con la que debe prepararse este "discurso", semejando lo corto de un viaje en ascensor. El *elevator pitch* se utiliza con la intención de captar el interés y convencer a un posible *"business angel"* (ver definición) de una próxima visita o reunión más profunda. La idea es vender tu proyecto o idea de tal forma, que la(s) persona(s) quiera(n) invertir en ella.

Empresarismo. Curiosamente, esta palabra no existe en el Diccionario de la Real Academia Española. Sin embargo, es un término comúnmente usado y aceptado para referirse a esa etapa en la que el emprendimiento está plenamente establecido, con bases sólidas. Digamos que es la materialización, la puesta en marcha de lo que inicialmente fue la idea de emprendimiento.

Empresas Unicornio. Se utiliza el término unicornio para referirse a aquellas empresas que logran ser valoradas en más de mil millones de dólares en los primeros tres años de vida. Normalmente son empresas del giro tecnológico, tan novedosas y virtualmente necesarias que su público es prácticamente infinito.

Empowerment. Empoderamiento, en español. La palabra tiene múltiples acepciones. En el mundo organizacional se refiere al proceso mediante el cual se otorga al personal de una empresa poder para tomar decisiones en el ámbito de su competencia, entendiendo que esa transferencia se otorga en un marco de confianza y libertad bajo la cual se logran grandes beneficios: estímulo a la creatividad, toma oportuna de decisiones, administración efectiva de recursos, incremento del compromiso organizacional y motivación por parte de los empleados.

Engagement. Es la capacidad que tienen las empresas o marcas, para lograr la fidelización de sus clientes. Esto se alcanza a través de la interacción constante y satisfactoria entre ambas partes, creando así relaciones sólidas y duraderas.

Escalabilidad. Palabra de origen inglés (*escability*) y que comúnmente es utilizada en el lenguaje informático. Sin embargo, en su acepción más amplia, se emplea para referirse a cualquier tipo de negocio o empresa que puede crecer física y económicamente, local e internacionalmente, de forma constante y considerable, sin que para ello sea necesaria una gran inversión de dinero o infraestructura.

Expertise. En español se conoce como pericia, experiencia o experticia. Hace alusión a la habilidad, conocimiento especial o conocimiento profundo de un experto acerca de determinado tema.

Family, friends and fools (FFF). Los FFF o familia, amigos y "tontos", son los primeros "inversores o apostadores" para un proyecto o idea de negocios. Son ellos a quienes inicialmente recurren los emprendedores para obtener el dinero necesario para dar inicio a su emprendimiento. Los FFF en muchos casos son desplazados por los *bussines angel*, en virtud de que algunos proyectos o ideas de negocios con potencial de crecimiento, requieren de un capital sustancioso que difícilmente puede ser soportado por la familia, los amigos y los "tontos".

Freelance. Un *freelance* es un profesional o trabajador independiente que ofrece sus servicios a un tercero (persona o empresa) a cambio de un pago. De esta manera, la persona o empresa que contrata, se evita la carga patronal y/o fiscal que genera una contratación tradicional, así como los pasivos laborales propios de ésta. Con respecto al *freelance*, esta práctica le permite, entre otras cosas: trabajar para dos o más personas o empresas, tener flexibilidad de horarios, posibilidad de escoger clientes (no patronos), etc.

Freemium. Viene de la combinación de las palabras en inglés *"free"* (gratis) y *"premium"* (exclusivo, por lo general, que cuesta). Se refiere a un tipo de negocios que consiste en ofrecer algún tipo de servicio o producto de forma gratuita, mientras que se ofrecen otros, más especializados, de forma paga o con algún costo.

Headhunter. Básicamente, es una persona que se encarga de reclutar y seleccionar al personal indicado para ocupar determinados cargos, según el perfil que haya determinado el mismo *headhunter* o cazatalentos, o de acuerdo a las exigencias señaladas por un tercero (cliente).

Holding. Es una sociedad financiera que posee acciones y/o administra un conjunto de empresas que pueden estar dedicadas a distintas actividades comerciales e industriales.

Homeoffice. Se refiere al trabajo que se hace desde casa. Evidentemente se puede aplicar a una cantidad importante de oficios que, mediante el uso de plataformas digitales, permite que la tarea asignada se haga en tiempo y forma. El término también se ha extendido a la posibilidad de realizar el trabajo desde cualquier sitio que no sea la empresa, y no necesariamente desde la casa.

Incubadora. Se les da este nombre a aquella organización que ofrece servicios de acompañamiento y guía en el nacimiento y crecimiento inicial de proyectos o ideas de negocios. Usualmente sus servicios van desde financiamiento, renta de espacios, asesoría en *marketing* y ventas, hasta *coaching, networking*, etc.

Influencer. Es una persona que, por sus conocimientos, experiencia y/o trayectoria, es capaz de hablar con propiedad sobre un determinado tema, y que, en base a ello, logra influir o crear empatía con las personas quienes le siguen a través de distintos medios, normalmente las redes sociales.

Know-how. Expresión utilizada para referirse a todo el conocimiento y experiencia acumulada por una persona o empresa, acerca de un tema o área de su dominio. Generalmente, este conocimiento y experiencia es de difícil transferencia, ya que se adquiere como producto de la propia práctica. También se puede entender como "saber hacer" o "conocimiento tácito".

Leverage. Es un término utilizado en el ámbito financiero, y alude al apalancamiento o punto de apoyo del que se valen las empresas para obtener beneficios y rentabilidad utilizando el dinero de un tercero (endeudamiento).

Marketing. Se refiere a un conjunto de actividades que se desarrollan coherentemente encausadas a conocer cuáles son las necesidades y expectativas de la población al respecto de un producto o servicio, con el fin de ofrecerlos con un valor agregado, a cambio de una utilidad o ganancia para la empresa, organización o persona.

Mentor. Persona de gran conocimiento, experiencia y trayectoria en un área o tema determinado, que guía y asesora en dicha área o tema a otra persona llamada aprendiz o discípulo.

Mentoring. Es una práctica mediante la cual una persona de mayor conocimiento y experiencia en algún tema o área, instruye, guía y aconseja al aprendiz o discípulo (persona con menos conocimiento y experiencia en esa área). En los negocios, es recomendable acudir a este tipo de asesorías para acompañar nuestro proyecto en su etapa inicial y, de ser necesario, en momentos claves donde sea necesaria la toma de alguna decisión importante.

Networking. Su traducción más exacta sería redes, y precisamente de eso se trata. El *networking* se refiere a la práctica en la que diversas personas (profesionales y emprendedores) se reúnen para tejer relaciones empresariales y de trabajo; plantear, crear y desarrollar ideas de negocios; oportunidades; compartir información acerca de un determinado tema o área de interés común y buscar clientes potenciales. Las reuniones de *networking* son excelentes iniciativas para participar antes y durante nuestro emprendimiento, dándonos la oportunidad de enriquecer nuestra información y fomenrtar el posible crecimiento de nuestro proyecto o idea de negocio.

Product market fit. Usamos este término para referirnos al proceso mediante el cual se ajusta el producto o servicio que se va a promocionar con los requerimientos del mercado al cual se va a vender, de manera que se compruebe que el producto o servicio que se va a ofrecer ya está listo para satisfacer la demanda del mercado y puede salir a la venta.

Outsourcing. Se refiere a la "tercerización" o subcontratación de terceros, por parte de una empresa, para que se encargue de la operación de una determinada área o proceso que no es la actividad fundamental de dicha empresa. De esta manera, se transfiere al tercero las responsabilidades referentes al área o proceso en cuestión a cabo de un pago por ese servicio.

Seed capital. Conocido como financiación semilla o capital semilla. Consiste en la inyección de capital (dinero) por parte de un externo, a través de la adquisición de un grupo de acciones. Esta práctica se realiza en un momento temprano del proyecto o creación del negocio, mientras éste empieza a generar su propio *cash flow*. La inversión inicial o *seed capital*, puede provenir de los llamados *family, friends and fools* o *business angel*.

Speech. En español, *"habla"*. Se refiere a una breve charla o discurso, y suele usarse comúnmente este término para referirse a una presentación precisa, clara, directa y convincente sobre un producto y/o servicio. Para que un *speech* sea eficaz, se recomienda que incluya: saludo, presentación personal, presentación del producto o servicio y preguntas finales. Debe generarse empatía y confianza con la audiencia (conexión) y ser relativamente breve. Algunos expertos se atreven a estimar entre uno o dos minutos.

Spin off. Es una expresión comúnmente utilizada para referirnos a la empresa o proyecto que nace a partir de la separación o extensión de una empresa más grande ya existente. Se usa el concepto cuando, por ejemplo, una empresa decide independizar un área, especializar un segmento, servicio o producto o dividirse para facilitar el manejo de las operaciones.

Sponsor. Se refiere a la persona o empresa que busca promover o dar a conocer un producto o servicio. Usualmente se hace con fines publicitarios. También incluimos en esta definición, a cualquier persona, empresa o institución, que aporta o colabora en el desarrollo de alguna actividad con o sin fines de lucro, a cambio de publicidad para beneficio propio: aumento de sus ventas, darse a conocer y/o fortalecer su marca.

Startup. El término se aplica a un emprendimiento de reciente formación que comercializa productos y/o servicios a través del uso intensivo de las tecnologías de la información y la comunicación (TIC's), con un modelo de negocio escalable y de rápido crecimiento sostenido en el tiempo. Otras características importantes de las *startups*, es la gran capacidad de cambio en sus productos y servicios, su innovación constante y los grandes beneficios económicos que se obtienen con un relativo bajo costo. La comunicación frecuente y abierta con el cliente, es otro aspecto importante que debe cumplir un emprendimiento que se considere *startups*.

Storytelling. En su traducción literal significa "cuenta cuentos". Es una herramienta publicitaria y utilizada para conectar con los clientes y/usuarios a través de la narración de una historia agradable e interesante relacionada con algún aspecto que se quiera difundir, bien sea por voz, en forma escrita o a través de video.

Target. Al hablar de target nos referimos al segmento, clasificación, rango o nicho de mercado al cual va dirigido nuestro producto o servicio, es decir, el medio de donde provendrán nuestros posibles clientes y usuarios.

Team building. Comprende el conjunto de técnicas y actividades orientadas a formar equipos de alto desempeño. A través de estas actividades, se persigue cohesionar a los miembros del grupo y fomentar el espiritu colaborativo en función del logro de determinado objetivo.

TICs. Tecnologías de información y comunicación, que incluyen toda la tecnología involucrada en el registro, procesamiento, almacenamiento y transmisión de datos: procesadores, telefonía móvil, redes, *software*, conexiones inalámbricas, etc., y la interconectividad entre todas estas.

Webinar. Se refiere a una reunión o conferencia que se realiza vía internet, en video, en tiempo real. Lo particular de esta práctica es que es totalmente interactiva, es decir, los expositores y la audiencia pueden compartir comentarios, opiniones y hacer consultas durante la actividad.

Win win situation. *Situación ganar – ganar*, en español. Se emplea esta expresión para referirse a una relación comercial o de negocios que resulte beneficiosa para todos los involucrados. Da sensación de empatía y confianza, y genera un clima de negociación.

Workshop. En español, taller. Este término es utilizado normalmente para referirse a reuniones o eventos donde uno o más expositores, intercambian conocimientos teóricos para luego ser puestos en práctica por los asistentes. Finalmente, se desarrollan debates o discusiones al respecto del tema en cuestión.

Libros recomendados

Existen en el mercado cientos de libros dedicados al área del emprendimiento, las finanzas personales, el crecimiento personal y los negocios. Si eres un apasionado de la lectura y estos temas, seguramente tendrás tu propia selección de textos.

Como todo en este libro, lo acá descrito no es más que material seleccionado desde mi experiencia, mi pensar y mi sentir. A continuación, mi *top 15* de libros que todo emprendedor debe leer.

Para leer antes de iniciar tu emprendimiento:

1. *El cuadrante del flujo del dinero. Guía del padre rico para la libertad financiera*, de Robert Kiyosaki (2015)

2. *Sé tu propio jefe en 12 meses*, de Melinda F. Emerson (2015)

3. *Micro empresa, mega vida*, de Louis Barajas (2007)

4. *Pasión por emprender, de la idea a la cruda realidad*, de Andy Freire (2015)

5. *10 consejos para alargar tu vida*, de Bertil Marhlund (2016)

6. *La empresa E-Myth, cómo convertir una gran idea en un negocio próspero*, de Michael E. Gerber (2011)

7. **El hombre más rico de Babilonia**, de George S. Clason (1926)

8. **El libro negro del emprendedor**, de Fernando Trías de Bes (2007)

9. **El mito del emprendedor**, de Michael E. Gerber (1995)

Para leer durante el desarrollo de tu emprendimiento:

1. **50 claves para emprendedores**, de Andy Freire (2010)

2. **Ideas millonarias. 44 estrategias que cambiarán tu vida**, de Juan Diego Gómez (2018)

3. **Forbes. Aprender de los errores. Aceptar las fallas y saber cambiar**, por Alan Farnham y Daniel Gross (2011)

4. **Cómo ganar amigos e influir en las personas**, por Dale Carnegie (1936)

5. **Impulso millonario: Despierta y vuélvete imparable**, por Gerardo García Manjarrez (2019)

6. **El inversionista de enfrente**, por Moris Dieck (2020)

Notas finales del autor

Si has llegado hasta este punto, significa que terminaste de leer el libro. A partir de allí puedo suponer dos situaciones: 1) que te ha parecido interesante y lo has disfrutado, o 2) que aun cuando no sea ese el caso, has sido paciente y disciplinado para terminar lo que iniciaste. De cualquier manera, son buenas noticias.

Lo que quiero dejarte es el resultado de mi experiencia real y los conocimientos acumulados a lo largo de horas y horas de dedicación al aprendizaje. No pretendo, en lo absoluto, que este libro sea la única verdad con respecto a cómo manejar el tema del emprendimiento. Por el contrario, mi verdadera intención es la de presentar un panorama amplio sobre el tema y despertar en ti el interés por profundizar aún más. Quiero abonar el camino y dejarte luces de cómo podría ir todo en este mágico y fascinante mundo del emprendimiento.

Tal como lo he mencionado a lo largo del libro, es estrictamente necesario que, como buen emprendedor, mantengas en constante movimiento tu cuerpo y tu mente. Leer libros, estudios, biografías; hacer ejercicios (de preferencia al aire libre); estar actualizado con el acontecer nacional e internacional en temas de la vida diaria; mantener contacto social con amigos y familiares; alimentarte sanamente; descansar oportuna y correctamente; entre otras, son actividades que deberán formar parte de tu vida diaria para garantizar tu salud mental y física, y por ende la salud de tu emprendimiento.

Habrás notado que las experiencias, anécdotas y frases mencionadas en este texto, se refieren a personas famosas y/o exitosas, y quizás eso te pueda desanimar un poco. Sin embargo, debes comprender que estas personas algún día fueron gente "comunes y corrientes", y no digo que ya no los sean, simplemente que ahora son más visibles. Seguramente en la mayoría de los casos, empezaron como tú, como yo, como cualquier otra persona, siendo completamente anónimos.

Solemos asociar el término emprendedor con esas personas que han acumulado grandes fortunas y logrado gran reconocimiento mundial: gente asociada a *startups*, a compañías de crecimiento exponencial, generadoras de miles de fuentes de empleo, etc., pero lo cierto es que también existe un número mayor de personas que convirtieron sus emprendimientos en pequeñas y medianas empresas, generadoras de riquezas y bienestar, que han hecho grandes aportes a sus países y a la sociedad en general. Me permitiré hacer mías las palabras de Fernando Trias de Bes en *El libro negro del emprendedor*, quien a propósito de esto que acabo de plantear, dice: *"el crecimiento no siempre es obligado. El buen emprendedor sabe encontrar el tamaño que mejor se adapta a sus capacidades y las del modelo de negocio que ha creado. Crecer es bueno, pero no siempre es necesario"*. Así que, mi estimado lector, tan emprendedor es el pequeño comerciante de tu localidad como alguno de los hombres más ricos y poderosos del mundo, siempre que se hayan dado, a mi parecer, las condiciones que suficientemente he explicado en este libro.

Nuestra trayectoria por la vida está cargada de gente maravillosa, con experiencias de vida realmente admirables. Estoy seguro de que conoces personas que aun siendo "invisibles" para el mundo, tienen vivencias que podrán servirte de inspiración. Incluso te invito a pensar en ese empresario conocido de tu localidad, en esa familia de negocios, en el amigo que hace un tiempo te habló de una idea, de un proyecto, en el dueño de la fábrica o la empresa de servicios donde trabaja algún familiar... piensa en ellos, en como empezaron y cómo están ahora, quizás sean ejemplos más cercanos e igualmente motivadores.

Si quieres ponerte en contacto conmigo, hacerme algún comentario del libro o consultarme sobre el tema, no dudes escribirme a mi correo: daniel@romerovelasquez.com

¡Éxito!

Imágenes reales

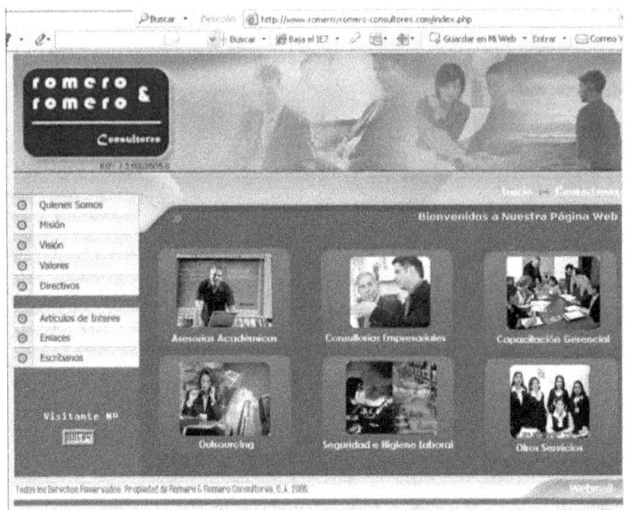

Página web de mi primer emprendimiento – Venezuela, 2006

Primera oficina (25 mts2) – Venezuela, 2006

Parte del equipo de trabajo – Venezuela, 2013

Construcción de nuestras oficinas (270 mts2) – Venezuela, 2015

Lo bueno, lo malo y lo feo de emprender

Taller de confección de uniformes (Intex) – Venezuela, 2015

Primer emprendimiento en México (franquicia) – México, 2015

El autor

Daniel Romero Velásquez es Licenciado en Gerencia de Recursos Humanos (UDO-Sucre, 2005), Maestro en Ciencias Administrativas mención Recursos Humanos (UDO-Sucre, 2010) y Diplomado en Seguridad, Salud y Medio Ambiente de Trabajo (LUZ-Sucre, 2010).

Es socio fundador de 4 empresas en Venezuela y México, donde reside desde el año 2014. Apasionado por los negocios y el emprendimiento, registró su primera empresa a los 23 años junto a su padre, en el año 2006.

Daniel Alberto Romero Velásquez
Todos los derechos reservados
Ciudad de México, 2021
Diseño de portada: @moongraphicve

No se permite la reproducción total o parcial de este libro ni su incorporación a un sistema informático, ni su transmisión en cualquier forma o por cualquier medio, sea este electrónico, mecánico, por fotocopia, por grabación u otros métodos, sin el permiso previo y por escrito del titular del copyright.

www.ingramcontent.com/pod-product-compliance
Lightning Source LLC
Chambersburg PA
CBHW071353210526
45465CB00001B/78